日本社会保障丛书

日本儿童福利

蔡泽昊 编著

中国劳动社会保障出版社

图书在版编目(CIP)数据

日本儿童福利 / 蔡泽昊编著. --北京：中国劳动社会保障出版社，2021
(日本社会保障丛书)
ISBN 978-7-5167-4833-6

Ⅰ. ①日… Ⅱ. ①蔡… Ⅲ. ①儿童福利-福利制度-研究-日本 Ⅳ. ①D731.37

中国版本图书馆 CIP 数据核字(2021)第 025054 号

中国劳动社会保障出版社出版发行
(北京市惠新东街 1 号　邮政编码：100029)

*

北京虎彩文化传播有限公司印刷装订　　新华书店经销

787 毫米×1092 毫米　16 开本　12 印张　174 千字
2021 年 6 月第 1 版　2022 年 7 月第 2 次印刷
定价：56.00 元

读者服务部电话：(010) 64929211/84209101/64921644
营销中心电话：(010) 64962347
出版社网址：http://www.class.com.cn

中国社会保障学会简介

中国社会保障学会是经国务院批准，民政部登记，由我国从事社会保障和相关领域的专家、学者及有关单位自愿结成的全国性、学术性、非营利性社会团体。中国社会保障学会的宗旨是团结全国相关领域专家、学者与专业人士，为健全社会保障、提升人民福祉、促进社会和谐发展贡献力量。

中国社会保障学会的四大使命：

促进理论繁荣；

助力改革与制度建设；

推动学科发展与人才培养；

参与国际学术交流。

为完成上述使命，学会采取如下行动方式：

组织全国性和国际性会议；

出版刊物，建立宣传平台；

组织开展专题调研活动和培训活动；

与政府部门、立法机关和社会组织、高校或研究机构进行合作。

中国社会保障学会出版物有：会刊、学术集刊《社会保障研究》（CSSCI 源刊）、《中国社会保障发展报告》、《民生专报》（高端智库报告）等。

官方网站：www. caoss. org. cn

总　序

由沈洁教授牵头组织撰著的“日本社会保障丛书”即将由中国劳动社会保障出版社公开出版了，这是一项由多位留日华人学者共同完成的系统介绍、研究日本社会保障制度的重要成果。作为丛书的积极推动者，我对这一成果的问世感到由衷祝贺！

在中国社会保障改革与发展进程中，我一直主张“远学德国，近学日本”。原因是这两个国家分别是现代社会保障制度的起源国和亚洲最先建成完整社会保障体系的国家，不仅是在世界上有影响的工业强国，还是人均寿命最长且老龄化程度很高的大国。其中，德国于1883—1889年首创社会保险制度，被视为全球现代社会保障制度的开端并风靡世界，迄今已有130多年的历史并还在持续发展，这一客观事实表明德国是最值得关注的社会保险制度先行国家；日本是我国的近邻，也是亚洲先行的工业化国家和福利国家，历史上深受中华文化的影响，其社会保障制度及相关服务富含中华文化的元素。因此，对中国而言，德国与日本的社会保障制度较之其他国家更具借鉴价值。遗憾的是，我国社会保障学界对德国与日本的研究迄今仍显苍白。实践已经证明，历史不长的国外养老、医疗保险制度实践，如智利的个人账户制，欧美一些国家的机构养老模式等。并不一定具有足够的借鉴价值，不同文化背景下的社会福利及相关服务亦未必能够符合我国人民的需要。因此，我一直希望国内能够出版系统介绍、研究德国与日本两国社会保障制度的图书，中国社会保障学会作为全国社会保障及相关领域专家学者的联合体与学术共同体则将推动这项研究列为重要的工作任务，这次在沈洁教授和中国社会保障学会常务理事钟仁耀教授、吕学静教授等精心组织下，终于完成“日本社会保障丛书”编著任务并由中国劳动保障出版社出版，这应当是一个重要的突破。

我曾经多次访问日本并考察其社会保障制度，印象深刻的不仅有制度体系完备、法治水平高，还有其社会保障及相关服务尊重传统文化、注重家庭保障等特色。例如，日本的公共养老金制度、医疗保障制度、护理保险制度均达到了很高水准，特别是养老服务立足社区，据需设置，多具有综合服务功能，在我考察过的一些养老机构中，老年公寓既可满足自理老年人需要，也可提供养老床位，还有托老所、临时寄养中心功能，一切皆以社区老年人的需要及其发展变化为依据，这显然是一条不同于欧美国家按照老年公寓、养老院舍、托老所、临时寄养中心等不同功能分割设置的发展之路。日本的儿童福利制度亦注重家庭功能，社会救助制度反贫困效果良好，等等。所有这些，我认为均值得中国认真学习、借鉴。

即将摆在读者面前的“日本社会保障丛书”，涵盖了日本的公共养老保险、医疗保障、护理保险、社会救助、社会福利、儿童福利六领域。其中，于洋、刘晓梅编著的《日本公共养老保险》一书全面、系统地介绍了日本公共养老金制度的发展史与现状、筹资方式、给付水平、财政状况、基金运营与经办管理情况，分析了当前存在的主要问题与改革方向，对企业养老保险与商业养老保险制度亦做了描述。李莲花编著的《日本医疗保障》一书全面、系统地介绍了日本医疗保障制度的框架与历史沿革，解析了日本医疗保险的财政、医保支付、医疗服务提供、药价基准制度以及医保经办与监管。张继元、王桥编著的《日本护理保险》一书全面、系统地介绍了日本护理保险制度的起源与发展历程，解析了日本护理保险制度的规划机制、监管体系、机构护理服务、居家护理服务、安宁疗护服务，以及护理等级评估标准、法律依据与流程规范、护理报酬标准及其实践。王海燕、焦培欣编著的《日本社会救助》一书全面、系统地介绍了日本社会救助制度的历史沿革及秉持理念与基本原理，解析了日本社会救助制度的具体实施、标准制定、政府管理和介护救助，以及最新动态。沈洁编著的《日本社会福利》一书全面、系统地介绍了日本社会福利制度的法律体系、福利人才培养与人力资源配置、社会福利服务供给，解析了日本老年人福利、儿童福利、残疾人福利、女性福利和社区福利、保健福利等相关制度安排和实践情况。蔡泽昊编著的《日本儿童福利》一书全面、系统地介绍了日本儿童福利制度的历史沿革、框架与建制理念，解析了日本儿童福利制度的实施机制、特殊福利需求、家庭政策和运行机制，以及托幼服务、儿童医疗和儿童福利专业人才队伍建设。毫无疑问，这套丛书提供了全景式的日本社会保障制度及其实践图景。

除了全面性、系统性，“日本社会保障丛书”还具有如下特点：一是客观性。各书的作者主要基于事实来阐述日本各项社会保障制度及其实践，较少带有以往基于作者个人价值取向或判断的主观性，因而更能够让我们看到原汁原味的日本社会保障制度的真实面貌。二是实践性。每本书虽然涉及理念、原理、历史沿革等内容，但更着力于相关制度的具体实践与操作规范，通过全书可以看到日本社会保障制度在实践中的真实运行情况，这恰恰是我国社会保障体系建设中长期被忽略却又须从现在起高度重视的大问题。三是作者队伍的特殊性。丛书的作者均是留学日本后留在日本执教或归国执教的高校教师，既了解中国，更对日本社会保障有深入研究，这使得丛书能够避免以往守在中国研究外国或只站在外国立场介绍外国的不足，进而可以更好地满足中国读者的需要。这些鲜明的特点，决定了丛书的独特价值。

感谢沈洁教授为组织编著“日本社会保障丛书”付出的巨大心血，她多年来一直积极推动中日之间的社会保障学术交流，更带动了一批留日华人学者研究日本、助力中国社会保障改革与制度建设，为留日华人学者树立了很好的榜样！

感谢丛书编委会成员与各位作者，为中国读者提供了全面了解日本社会保障制度的权威读本！

感谢中国劳动社会保障出版社积极支持中国社会保障学会推进日本社会保障研究工作，并为丛书出版提供直接的帮助！

中国社会保障学会会长　郑功成

2021 年 5 月于北京

编者序

在武汉深陷新冠肺炎的困难时刻，日本众多的民间团体和个人及时赠送医疗物资，并附上“山川异域，风月同天”等蕴涵浓重东亚文化的典雅章句，传送邻邦互助之情谊。这则古语起源于唐代高僧鉴真大师历经重重艰辛东渡日本，开启了中日文化交流通道的故事，当时力主对华友好的日本主流派，动用全日本的绣衣工匠精心制作了1 000件袈裟，每件袈裟刺绣上这八个字，以示中日唇齿相依的邻邦情结。

中日文化交流不仅历史久远，且涉及领域广泛。即便是在社会救济与社会保障领域的交流中，也留下了丰富的画页。公元757年，日本参考中国律令制度颁布《养老律令》，其中“户令”中所具体规定的灾荒救济以及减免税赋等条例，就是模仿中国古代救灾条例与中国“户令”的法定约束力并一直沿袭到明治维新，是日本最早也是历时最长的社会救济法令。此外，日本借“大化革新”之际，将中国的义仓、社仓等仓储制度引进日本并推广普及。一直到社会制度巨变的明治维新之后，尚有不少地区仍保留着互助互济的仓储制度。

在中国社会保障从传统走向近代的过程中，日本又在中西文化交流中起到了重要的中介和桥梁作用。明治维新之后，日本对近代国家体制下的社会救济和劳工政策的探索被留日学生积极介绍到中国。昭和初期日本颁布具有社会转型意义的《救护法》（1929年），首次明确了国家对生活困穷者实施救济的义务和公民权利。此法颁布实施之后，留日学生就开始不断地将其介绍到中国，为促成颁布《社会救济法》（1943年）做了舆论宣传准备。在人类社会进入数字化时代的当代，有关日本护理保险和儿童福利制度的实施经验，也很快被传递到国内，为学者和政策决策者思考解决我国出现的老龄化、少子化问题提供借鉴。而在上述过程中，留日学人作为文化交流的使者，为搭建社会保障领域的中日交流桥梁发挥了不容忽视的作用。

参与这套“日本社会保障丛书”执笔的作者，均是在日本系统接受过社会保障相关专业训练的留日学人，其中有学成回国在各个大学的执教者，也有侨居日本在大学教坛的传道解惑人。我本人也侨居日本 30 余年，虽然主要精力投入日本大学讲坛，但内心始终不能忘却要为国内社会保障发展尽微薄之力的念想。相信参与本丛书编写的各位留日学人，大多都怀有同样的心境和社会责任感，才接下了中日交流使者的接力棒。也正是有了这样“故国之情”的代代传递，使得中日之间的文化交流能够战胜种种逆境而延绵不断，成为构筑未来东亚文化共同体的源远流长的动势。

这套丛书涉及了日本公共养老保险、医疗保障、护理保险、社会救助、社会福利、儿童福利六个领域，每个制度领域独立成册。在完整、系统地考察各个领域的独立体系的同时，还注重厘清各项制度领域之间的衔接和互动关系，把社会保障制度视为环环相扣、运转灵活的生活安全网络，可以让读者全方位去理解日本的社会保障在保护国民生活安全上的功能和效率以及存在的障碍。

貌不惊人的“他山之石”，有时也可以为雕琢中国社会保障制度的改革和完善这块“璞玉”提供意想不到的借鉴和助力。本丛书执笔作者为了给读者提供深度考察日本的最佳视角，在编写过程中还在以下几方面做了精心的设计和安排：第一，原汁原味地展现日本社会保障制度风貌，将作者的主观评价减缩到最小范围，以期待读者从精心提炼的素材中汲取、丰富和重构自身的知识空间。第二，以日本社会保障制度结构性改革为主线，把分析的视角聚焦在 20 世纪 80 年代初期改革、20 世纪末 21 世纪初的中期改革、当下的深化改革等几个发展阶段。同时，对各个时期的改革背景、改革内容、改革绩效给予翔实的解析，试图给我国社会保障制度的改革提供一个可资参考的清晰脉络和思路。第三，质性研究和量化研究的兼容并蓄，既重视制度政策框架层次的分析，又不失通过融入系统的量化数据以检验政策推进过程和政策效果。第四，为弥补迄今在日本社会保障研究领域中重视宏观制度而忽视微观实操和经办等具体制度研究的缺失，故在每个专题中都安排了一定的篇幅介绍操作规范和微观制度的安排。

固然，本丛书虽然力图体现上述的各项独自特征，但是由于时间和条件的限制，在对日本社会保障制度给予理论性批判和理论层次的重构等方面，还存在着力度不足的缺憾，有待于我们今后的研究加以弥补。

中国社会保障学会会长郑功成教授倡导社会保障需要“远看德国，近看日本”，融汇东西方精髓的思路，并推动本丛书朝着这一大视野方向推进，多次对本丛书的编写提供了建设性意见。华东师范大学钟仁耀教授、首都经济贸易大学吕学静教授在编者队伍组建、丛书构想等各个环节上提供了多方帮助和支持；张继元讲师在负责护理保险专题编著的同时，还具体承担了丛书参编人员的联络协调、专业术语的翻译和校订等大量的工作，对此均深表衷心的谢意。最后还要感谢中国劳动社会保障出版社为编辑丛书所付出的辛勤劳动。

沈 洁

2021 年 3 月吉日于东京喜多斋

前言

儿童是家庭的希望，更是民族和国家的未来。“十二五”规划实施以来，随着综合国力的不断提升以及国民科学育儿观念的逐步树立，我国儿童福利事业进入快速发展的新阶段。儿童福利发展的“三步走”战略指明了儿童福利事业的方向、目标和步骤，福利政策的横向保障范围不断拓展、纵向保障内容持续扩充。与此同时，中国亦逐渐步入低生育率时代。国家统计局的数据显示，2019年我国全年出生人口1 465万人，人口出生率为10.48‰。

日本的人口结构正处于深度少子高龄化阶段，在长期的福利政策制定与修订中，儿童福利制度已成为现代日本社会保障体系的重要组成部分之一。他山之石，可以攻玉，本书聚焦日本儿童福利制度的制度结构、实施机制以及主要儿童福利项目，以期为中国儿童福利事业从“托底保障”“适度普惠”走向面向全体儿童的、更高层次福利保障和更高水平服务供给的普惠型儿童福利提供参考。

本书的第一章梳理了日本儿童福利的制度沿革、基本框架和制度理念。第二章从财政、行政、经办以及服务使用流程等方面介绍了儿童福利制度的实施机制。第三章聚焦于儿童的特殊福利需求，介绍了应对家暴、无人照顾、身心障碍等各类特殊困境的儿童福利机构以及社会抚养制度。第四章从育儿家庭支持政策的视角，讨论了向育儿家庭提供的各类福利及其运行机制。第五章全面介绍了育儿援助制度的类型划分、机构建设与人员配置标准、服务使用流程等。第六章介绍了日本儿童医疗保障的基本沿革、制度结构和实施机制。第七章对儿童福利各环节、各项目专业人才的职责分工进行了详细介绍，总结了儿童福利人才队伍建设的主要做法。

本书由“日本社会保障丛书”编委会策划，按章节顺序具体的编者信息如下：

蔡泽昊（中国劳动关系学院），负责第一章、第二章和第四章的编写；

索宏（日本东洋大学），负责第三章的编写；

张建（海南医学院），负责第五章的编写；

李宣（沈阳师范大学、日本横滨国立大学），负责第六章的编写；

史迈（清华大学），负责第七章的编写。

本书在写作过程中，得到了中国社会保障学会会长、中国人民大学郑功成教授以及日本女子大学沈洁教授给予的精心指导和帮助，在此一并表示诚挚的谢意！

由于我们水平有限，难免有错误和疏漏之处，敬请各位读者指正。

蔡泽昊

2021年3月于北京

目　　录

图表目录

第一章　日本儿童福利概述

第二次世界大战后，日本的生育率总体呈持续下降态势，步入21世纪后，人口结构少子高龄化成为日本面临的重大社会经济挑战之一。与此同时，育儿家庭的抚养功能以及儿童的福利需求亦随之发生变化。自20世纪60年代“福利六法”体系形成以来，日本建立了综合的社会福利体系，而儿童福利是这一体系重要的组成部分。儿童福利制度的历史沿革亦反映了日本儿童福利理念的变迁。为了从长远上改善人口结构，儿童福利在近十余年来引起了日本国家、政府、家庭和社会前所未有的重视，形成了较综合的制度体系。本章总结现代日本社会与家庭的变迁对儿童及其抚养家庭福利需求的影响，进而从儿童福利制度发展过程中提炼儿童福利的理念，并介绍日本儿童福利的法律体系。

第一节　现代社会与日本儿童福利

一、少子高龄化的人口结构

日本人口结构的少子高龄化特征持续加深。从出生人口数看，第一次婴儿潮出现在1947—1949年，随着这一时期出生的人口进入生育高峰期，1971—1974年迎来第二次婴儿潮。此后，日本的出生人口数整体呈持续下降趋势。根据日本厚生劳动省披露的数据，2018年出生人口数为918 397人，为历史最低水平。如

图 1-1 所示，第二次世界大战后，日本的总和生育率[①]在 1947 年达到 4. 32 的最高值后快速下降，在 20 世纪 60 年代降至 2. 1 左右，即维持人口规模的大致生育水平（世代更替水平）。20 世纪 70 年代后，总和生育率的整体下降趋势明显，在 2005 年降至最低值 1. 26 后有所反弹，2018 年回升至 1. 42。

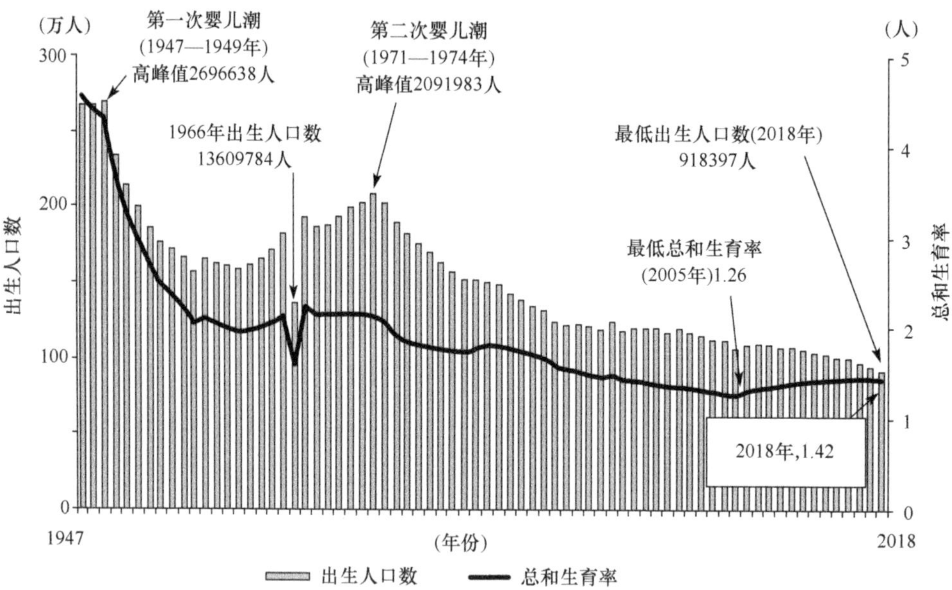

图 1-1　日本出生人口数与总和生育率的年度变化（1947—2018 年）

资料来源：厚生労働省．平成 30 年（2018）人口動態統計結果の概要［EB/OL］．(2019-11-28)［2019-12-20］．https://www. mhlw. go. jp/toukei/saikin/hw/jinkou/geppo/nengai18/dl/kekka30-190626. pdf.

人口老龄化与少子化高度重合，使得日本的人口抚养比状况不容乐观。1947 年到 2018 年的 70 余年间，日本人口的平均年龄和年龄中位数分别从 26. 6 岁和 22. 1 岁上升至 47. 2 岁和 47. 8 岁。如表 1-1 所示，70 余年间，14 周岁以下儿童占总人口比例下降了近 2/3，而 65 周岁以上老年人占总人口比例则增加了近 5 倍，老龄化指数增长了近 17 倍；人口总抚养比在 20 世纪 90 年代下降至不足

① 总和生育率是指一个国家或地区的妇女在育龄期间，每个妇女平均生育的子女个数。

44%以后，又回升至2018年的67.5%；20世纪90年代中后期，老年人口抚养比开始超过儿童抚养比，老年人口成为人口抚养比的主要贡献群体。[①] 以20世纪90年代中后期为分界线，在此之前，儿童抚养比一直占人口总抚养比的50%以上；而在此之后，老年抚养比成为总抚养比的主要组成部分。上述揭示日本人口年龄结构与抚养比的指标表明，70余年间，日本社会总体的抚养压力经历了先减后增的过程，少子化程度不断加深，而人口老龄化趋势在客观上亦增加了社会的抚养压力。

表1-1　　日本人口年龄结构与抚养比（1947—2018年）

年份	年龄结构（%）			抚养比（%）			老龄化指数
	儿童	适龄劳动人口	老年人	总人口抚养比	儿童抚养比	老年人口抚养比	
1947	35.3	59.9	4.8	66.9	58.9	8.0	13.6
1950	35.4	59.7	4.9	67.5	59.3	8.2	13.8
1955	33.4	61.3	5.3	63.1	54.4	8.7	15.9
1960	30.0	64.2	5.7	55.6	46.8	8.9	19.0
1965	25.6	68.1	6.3	46.8	37.6	9.3	24.6
1970	23.9	69.0	7.1	44.9	34.7	10.3	29.7
1975	24.3	67.7	7.9	47.6	35.9	11.7	32.5
1980	23.5	67.4	9.1	48.4	34.9	13.5	38.7
1985	21.5	68.2	10.3	46.6	31.6	15.1	47.9
1990	18.2	69.7	12.1	43.5	26.1	17.4	66.5
1995	16.0	69.5	14.6	44.0	23.0	21.0	91.3
2000	14.6	68.1	17.4	47.0	21.4	25.6	119.2
2005	13.8	66.1	20.2	51.4	20.9	30.6	146.4

① 国立社会保障・人口問題研究所. 人口の年齢構造に関する指標：1884—2018年［EB/OL］.［2019-12-02］. http：//www.ipss.go.jp/syoushika/tohkei/Popular/P_Detail2020.asp? fname=T02-06.htm&title1=%87U%81D%94N%97%EE%95%CA%90l%8C%FB&title2=%95%5C%82Q%81%7C%82U+%90l%8C%FB%82%CC%94N%97%EE%8D%5C%91%A2%82%C9%8A%D6%82%B7%82%E9%8Ew%95W%81F1884%81%602018%94N.

续表

年份	年龄结构（%）			抚养比（%）			老龄化指数
	儿童	适龄劳动人口	老年人	总人口抚养比	儿童抚养比	老年人口抚养比	
2010	13.1	63.8	23.0	56.6	20.5	36.1	175.6
2015	12.5	60.8	26.6	64.3	20.6	43.8	212.8
2016	12.4	60.3	27.3	65.8	20.6	45.3	220.2
2017	12.3	60.0	27.7	66.7	20.5	46.2	225.2
2018	12.2	59.7	28.1	67.5	20.4	47.1	230.3

资料来源：作者整理自国立社会保障・人口問題研究所．人口の年齢構造に関する指標：1884—2018年［EB/OL］.［2019-12-02］. http：//www.ipss.go.jp/syoushika/tohkei/Popular/P_Detail2020.asp? fname = T02-06.htm&title1 = %87U%81D%94N%97%EE%95%CA%901%8C%FB&title2 = %95%5C%82Q%81%7C%82U+%901%8C%FB%82%CC%94N%97%EE%8D%5C%91%A2%82%C9%8A%D6%82%B7%82%E9%8Ew%95W%81F1884%81%602018%94N.

注："儿童"指0~14周岁儿童。"适龄劳动人口"指15~64周岁人口。"老年人"指65周岁及以上人口。

"儿童抚养比"指0~14周岁儿童人数占适龄劳动人口人数的比例。

"老年人口抚养比"指老年人人数占适龄劳动人口人数的比例。

"总人口抚养比"指0~14周岁儿童人数与老年人人数之和占适龄劳动人口人数的比例。

"老龄化指数"指老年人人数与0~14周岁儿童人数之比。

日本人口结构的变迁，客观上构成了日本儿童福利发展的重要时代背景。随着人口老龄化趋势不可逆转地加深，老年人的医疗服务、护理服务所需费用将随之增加，社会整体支出负担亦将增加。这种倾向可能对儿童福利造成正负两方面影响：一方面，在社会总支出不变的前提下，儿童福利支出与老年人福利、医疗护理费用等支出客观上构成一定程度的竞争；另一方面，用于老年人医疗费用、护理费用等方面的支出甚大，客观上构成经济活动的重要组成部分，在此过程中会提升包括儿童福利在内的社会保障事业在社会主流认知中的话语权，深化对少子高龄化社会的认识，从而使各类儿童福利问题得到更广泛关注，加大国家和社会对包括儿童福利在内的社会保障的投入。

从日本的政策改革实践看，近年来日本多次提升消费税率以补充社会保障支出，而儿童福利和年金、医疗保险等均是消费税税率调整后所增加财政收入的法定支出领域。2019 年，在最近一次消费税税率调整中（从 8%调至 10%），因调整消费税税率而增加的国税收入为 7.9 万亿日元，占国税收入的 12.64%，2020 年预计增加收入 10.2 兆亿日元，占国税收入的 16.06%；与此同时，2020 年中央财政（国费）用于充实社会保障的费用 1.2 万亿日元中，所占比例最高的是高等教育领域[①]（增加 4 882 亿日元），其次是养老领域[②]（增加 3 385 亿日元），儿童福利领域居第三位，分别用于免费幼儿教育与保育[③]以及扩大保育服务供给（共增加 1 971 亿日元）。[④] 可以看到，少子高龄化的深度发展亦可以作为包括儿童福利在内的社会保障事业发展的契机。

二、家庭结构核心化

从家庭规模看，日本的家庭核心化趋势十分明显。如图 1-2 所示，在家庭数量持续增长的同时，日本的户均人数从 1953 年的 5.00 人已降至 2018 年的 2.44 人。伴随家庭核心化的是家庭成员之间相互照顾的可能性减小，大大弱化了传统三代同堂、四代同堂家庭模式下的家庭保障能力，再加上城市化带来的人口聚集，使得许多年轻的育儿家庭难以得到来自父母、祖父母、邻里的育儿建议。这种少子化倾向也改变着儿童成长的社会环境，例如，除了在学校之外，与同龄儿童一起游玩、社交的机会变少了。

表 1-2 展示了日本不同类型家庭的数量与结构。三代同堂家庭占一般家庭的比例在 2000 年占比仅略高于一成，到 2015 年进一步下降至 5.7%。单人家庭所占比例持续上升的同时，核心家庭所占比例降幅较小；但在不含祖父祖母辈的核心家庭中，夫妻育儿家庭所占比例略有下降，但单亲育儿家庭则由 7.6%

---

① 对符合条件的对象实施免费高等教育。

② 首先是援助低收入退休者的给付金，即对养老金较低的退休者，以每年 6 万日元为标准予以给付（增加 3 049 亿日元），其次是用于减轻低收入老年人的护理保险费负担（增加 336 亿日元投入）。

③ 全体 3~5 周岁儿童以及免缴纳居民税家庭（往往收入较低）中 0~2 周岁儿童，免费进入托儿所、幼儿园，仅此一项政策 2020 年公共财政共计将投入超过 1.2 万亿日元。

④ 财務省.令和 2 年度予算のポイント［EB/OL］.［2020-02-18］. https://www.mof.go.jp/budget/budger_workflow/budget/fy2020/seifuan2019/01.pdf.

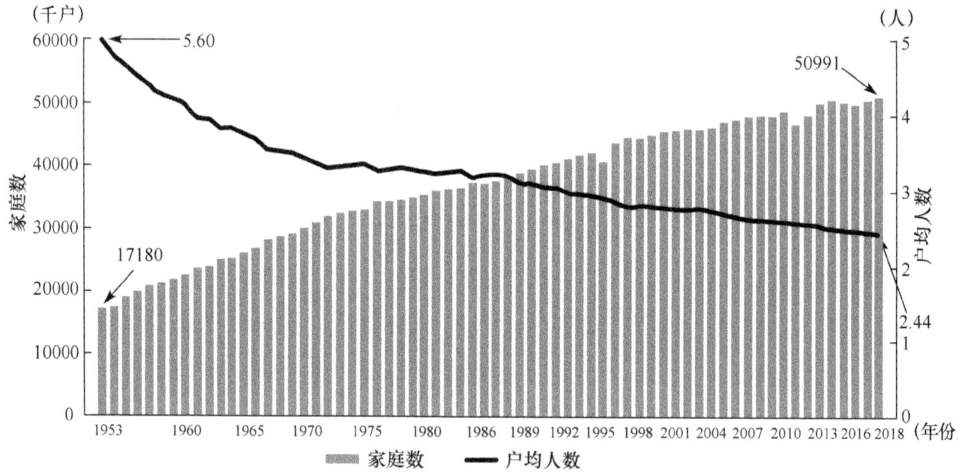

图 1-2　日本家庭数与家庭规模的变化（1953—2018 年）

资料来源：厚生労働省．国民生活基礎調査の概況［EB/OL］.［2019-10-08］. https：//www. mhlw. go. jp/toukei/saikin/hw/k-tyosa/k-tyosa18/dl/02. pdf.

注：因历年发生的自然灾害等原因，1995 年数据不含兵库县，2011 年数据不含福岛等三县，2012 年数据不含福岛县，2016 年数据不含熊本县。

（2000 年）上升至 8.9%（2015 年）。表 1-3 进一步展示了日本不同类型家庭的数量变化与变化速度。在四次普查（国势调查）周期内，单人家庭、核心家庭、机构家庭等区别于传统大家庭结构的家庭形态均呈增长态势，而三代同堂家庭持续减少且减少速度不断增快。在抚养孩子的核心家庭中，夫妻育儿家庭持续减少，而单亲育儿家庭则持续增加。无论从家庭经济来源还是家庭照顾能力看，单亲育儿家庭都将面临额外的育儿压力。表 1-4 展示了 2015 年日本单亲育儿家庭抚育儿童的数量与年龄。可以看出，无论是母子家庭还是父子家庭，超过一半的单亲育儿家庭仅抚养一名儿童。从儿童年龄看，七成左右的母子家庭和六成左右的父子家庭都至少抚养一名初中及以下学龄的儿童，这一发展阶段的儿童自理能力较差，需要家庭或其他儿童照顾机构提供不同程度的照顾。

表 1-2　　日本不同类型家庭的数量与结构

	数量（千户）				比例（%）			
	2000 年	2005 年	2010 年	2015 年	2000 年	2005 年	2010 年	2015 年
一般家庭	46 782	49 063	51 842	53 332	100. 0	100. 0	100. 0	100. 0
单人家庭	12 911	14 457	16 785	18 418	27. 6	29. 5	32. 4	34. 6
核心家庭	27 273	28 327	29 207	29 754	58. 3	57. 7	56. 4	55. 9
夫妻双人家庭	8 823	9 625	10 244	10 718	18. 9	19. 6	19. 8	20. 1
夫妻育儿家庭	14 904	14 631	14 440	14 288	31. 9	29. 8	27. 9	26. 9
单亲育儿家庭	3 546	4 070	4 523	4 748	7. 6	8. 3	8. 7	8. 9
父子（育儿）家庭	535	605	664	703	1. 1	1. 2	1. 3	1. 3
母子（育儿）家庭	3 011	3 465	3 859	4 045	6. 4	7. 1	7. 5	7. 6
其他家庭	6 598	6 278	5 765	5 024	14. 1	12. 8	11. 1	9. 4
机构家庭等	102	100	108	117	—	—	—	—
三代同堂家庭	4 716	4 239	3 658	3 023	10. 1	8. 6	7. 1	5. 7

资料来源：作者整理自総務省統計局．平成 27 年国勢調査・世帯構造等基本集計結果・結果の概要［EB/OL］.（2017-09-27）［2019-10-02］. http://www. stat. go. jp/data/kokusei/2015/kekka/kihon3/pdf/gaiyou. pdf.

表 1-3　　日本不同类型家庭的数量变化趋势（2000—2015 年）

	变化数量（千户）			增减率（%）		
	2000—2005 年	2005—2010 年	2010—2015 年	2000—2005 年	2005—2010 年	2010—2015 年
总家庭数	2 504	2 384	1 498	5. 3	4. 8	2. 9
一般家庭	2 280	2 780	1 489	4. 9	5. 7	2. 9
单人家庭	1 546	2 327	1 633	12. 0	16. 1	9. 7
65 岁以上老年人的单人家庭	833	926	1 137	27. 5	24. 0	23. 7
核心家庭	1 054	880	548	3. 9	3. 1	1. 9
夫妻双人家庭	802	619	474	9. 1	6. 4	4. 6
夫妻育儿家庭	-273	-192	-152	-1. 8	-1. 3	-1. 0
单亲育儿家庭	525	453	225	14. 8	11. 1	5. 0
父子（育儿）家庭	70	59	38	13. 2	9. 8	5. 8

续表

	变化数量（千户）			增减率（%）		
	2000—2005 年	2005—2010 年	2010—2015 年	2000—2005 年	2005—2010 年	2010—2015 年
母子（育儿）家庭	454	393	187	15.1	11.4	4.8
其他家庭	-320	-513	-741	-4.8	-8.2	-12.9
机构家庭等	-1	8	9	-1.3	7.9	8.0
三代同堂家庭	-476	-582	-635	-10.1	-13.7	-17.4

资料来源：作者整理自総務省統計局．平成 27 年国勢調査・世帯構造等基本集計結果・結果の概要［EB/OL］.（2017-09-27）［2019-10-02］. http://www.stat.go.jp/data/kokusei/2015/kekka/kihon3/pdf/gaiyou.pdf.

表 1-4　　日本单亲育儿家庭抚养儿童的数量与年龄（2015 年）

		数量（户）		比例（%）	
		母子家庭	父子家庭	母子家庭	父子家庭
总数		754 724	84 003	100.0	100.0
孩子数	1 人	406 006	48 125	53.8	57.3
	2 人	268 807	28 504	35.6	33.9
	3 人及以上	79 911	7 374	10.6	8.8
最小的孩子的年龄	未满 6 岁	132 108	6 175	17.5	7.4
	6~14 岁	401 481	42 880	53.2	51.0
	15~17 岁	153 784	22 679	20.4	27.0
	18~19 岁	67 351	12 269	8.9	14.6

资料来源：総務省統計局．平成 27 年国勢調査・世帯構造等基本集計結果・結果の概要［EB/OL］.（2017-09-27）［2019-10-02］. http://www.stat.go.jp/data/kokusei/2015/kekka/kihon3/pdf/gaiyou.pdf.

三、儿童与育儿家庭的需求

儿童与育儿家庭对儿童福利制度的需求并非一成不变，而是与社会风险、社会变化紧密相连。如前所述，日本人口结构和家庭结构在过去 70 余年间发生了深刻变化，因此，除了传统以困境儿童保护为中心的福利政策外，儿童及其抚养家庭在经济支持、服务供给和时间保障等方面的需求亦发生变化。

1. 收入变化与经济保障需求

日本总务省统计局每五年实施一次就业结构基本调查。2012 年的调查显示，按年收入每增加 100 万日元为一个收入阶层统计，与 1997 年相比，年收入（主要为工资收入）400 万日元以下的各收入阶层人数均增加了，而 400 万日元以上的则均减少了。[①] 在经济高速增长期，日本的女性就业率并不高，例如，1980 年，男性雇佣者与无业妻子组成的家庭数量为 1 114 万户，而双职工家庭只有 614 万户；20 世纪 90 年代，这两类家庭的数量基本持平；而进入 21 世纪后双职工家庭开始持续增加而"丈夫就业+全职主妇"型家庭则持续减少，两类家庭的数量关系发生了逆转；到 2016 年双职工家庭已达到 1 129 万户，而全职主妇家庭回落到 664 万户。[②] 这一逆转现象部分原因在于补贴育儿支出、弥补丈夫经济收入有所下降等。

儿童的健康成长是国家可持续发展的重要保障，是全体国民的共同财富，如果支持儿童及其抚养者经济保障的需求无法得到满足，很可能会导致儿童贫困问题加剧。

2. 儿童照顾服务需求

日本总务省统计局的就业结构基本调查显示，2017 年，双职工家庭共有 1 348. 8 万户，占"夫妻双人家庭""夫妻与父母家庭""夫妻育儿家庭"和"夫妻三代同堂"四种家庭之和的 48. 8%。[③] 但是，双职工家庭的增加亦进一步削弱了家庭的育儿能力，提升了对保育服务的需求。与此同时，随着单亲与再婚家庭比例的提高，以及托幼保育服务的普遍化，在家庭或机构内发生儿童被虐待的风险也提高了，需要提升预防虐待儿童机制的制度运行效果。

3. 工作与家庭平衡需要更高质量的育儿假期制度

双职工家庭的增加还使得劳动者特别是女性劳动者在平衡工作与家庭时面临更多阻力。此外，日本男性劳动者享受育儿假期的比例一直较低，主要原因有：

---

① 総務省統計局. 平成 24 年就業構造基本調査結果の概要［EB/OL］.（2013-07-12）［2019-10-02］. http：//www. stat. go. jp/data/shugyou/2012/pdf/kgaiyou. pdf.

② 大津泰子. 児童家庭福祉.［M］. 3 版. 京都：ミネルヴァ書房，2018：9.

③ 総務省統計局. 平成 29 年就業構造基本調査結果の概要［EB/OL］.（2018-07-13）［2019-10-02］. http：//www. stat. go. jp/data/shugyou/2017/pdf/kgaiyou. pdf.

顾虑用人单位关于（男性）尽量不申请育儿假期的传统或氛围、工作量多、忙于加班、难以申请等。2015 年的《少子化社会对策大纲》提出目标，到 2020 年男性育儿假享有率达到 13%，但这显然需要从育儿休假制度和工作场所环境两方面共同努力。厚生劳动省的年度专门调查表明，育儿休假的性别差距仍然较大，但男性育儿休假享有比例有所提升（见表 1-5）。①

表 1-5　日本有期限劳动合同的职工育儿假享有率　%

年份	女性	男性	年份	女性	男性
2005	51.50	0.10	2015	73.40	4.05
2011	80.70	0.06	2016	70.00	3.42
2012	71.40	0.24	2017	70.70	5.69
2013	69.80	0.78	2018	69.60	7.54
2014	75.50	2.13			

资料来源：厚生労働省.「平成 30 年度雇用均等基本調査」の結果概要 [EB/OL].(2019-07-30) [2019-12-02]. https://www.mhlw.go.jp/toukei/list/dl/71-30r/07.pdf.

注：育儿假享有率是指调查时点享受育儿假者与调查前上一年度的生育者（或配偶生育者）之比。

第二节　日本儿童福利的发展历程

一、日本儿童福利的定义

在日本，儿童福利是社会福利的子概念。因此，1946 年宪法为社会福利所确定的性质和原则亦适用于儿童福利，即：基本人权（第十一条）、尊严原则（第十三条）、平等原则（第十四条）、国家的社会性义务（第二十五条）。首先，社会福利作为一项由宪法予以确认的基本人权，不可侵犯；其次，包括儿童在内

① 厚生労働省.「平成 30 年度雇用均等基本調査」の結果概要 [EB/OL].(2019-07-30) [2019-12-02] https://www.mhlw.go.jp/toukei/list/dl/71-30r/07.pdf.

的全体国民作为个人受到尊重，为他们谋求生存、自由、幸福的权利应当受到立法和政策的最大尊重；再次，儿童亦享有平等、不受歧视的权利；最后，促进社会福利、社会保障权利的实现是国家的社会性义务，其中当然也包括促进儿童福利的实现。

作为规范儿童福利领域权利义务关系的专门法律，1947 年的《儿童福祉法》以及其他相关法律为儿童福利事业的发展提供了具体的法律依据。该法明确了儿童福利制度的基本目标——“全体国民应当致力于儿童身心健康成长”“保障和爱护全体儿童的生活”（第一条）。从责任主体看，该法从原则上规定了中央和地方、保护者以及全体国民的责任（第二条），强调儿童的监护人①是行使亲权②、对儿童进行实际监护者（第六条）。据此可以认为，儿童福利以基于私人责任（个人、家庭）的自助行为为基本，而基于公共责任（中央和地方）的公助行为和基于社会责任（用人单位、公益法人等）的互助行为则是自助行为的补充。③

1951 年，日本颁布了《儿童宪章》，宣示儿童的应然权利，不仅强调了家庭在儿童福利中的重要作用（第一、第二条），而且较全面地列举了从衣食住行、成长环境到培养内容等一系列应当享有的实体权利（见表 1-6）。

表 1-6　　1951 年日本《儿童宪章》所列举的权利内容

主要内容	主要内容
1. 父母责任、儿童身心健康	3. 物质保障、疾病与灾害时的保护
2. 家庭抚养、家庭教育内容	4. 个性、能力和社会职责教育

① 日语原文称“保护者”，内涵上与“後见人（guardian）”有一定区别，但考虑到在儿童福利语境下二者的内涵与中文“监护人”基本相同，因此在本章均翻译为“监护人”。

② 日本现行《民法》规定，“未成年者，服从父母的亲权”（第八百一十八条）；在此语境下，本章所称亲权即监护和教育的权利与义务（第八百二十条）、指定居住地点的权利（第八百二十一条）、惩戒权（第八百二十二条）、职业许可权（第八百二十三条）以及财产管理权和代表权（第八百二十四条）。值得一提的是，一段时间以来，不少虐待儿童事件、案件的关键争议点，正是围绕着监护、教育权利义务，以及惩戒权的适当界限问题。于 2019 年 3 月修订通过、即将在 2020 年实施的《儿童福祉法》，亦旨在通过强化儿童咨询所等体制机制，有效化解这一问题。

③ 社会福祉士養成講座編集委員会. 児童や家庭に対する支援と児童・家庭福祉制度［M］. 東京：中央法規，2019：4-5.

续表

主要内容	主要内容
5. 自然、科学、艺术和道德观念培养	9. 享有良好的游艺与文化设施、场所
6. 教育及其物质保障	10. 禁止虐待等，对违法违规儿童的保护等
7. 接受就业指导	11. 对残障儿童的治疗、教育、保护
8. 劳动时的保护、教育机会	12. 引导其团结友爱、为人类和平和文化做贡献

资料来源：作者根据《儿童宪章》内容整理。

综上所述，可将日本的儿童福利定义为：为了全体儿童的安全生活和全面发展，实现儿童的健康与幸福，以儿童及其抚养者为对象的、由国家或政府政策支持的、各类主体共同参与供给的综合性政策制度体系与政策实践。

二、日本儿童福利的历史沿革

1. 日本儿童福利制度的发展准备期（1947—1989 年）

作为儿童福利领域的基本法律，1947 年的《儿童福祉法》描绘了儿童福利体系的基本原则和核心框架，是日本现代儿童福利制度正式确立的重要标志。在当时，作为战败国国民，许多日本民众生活在混乱和贫困中，儿童的生活更是受到极大影响。首先，战后的医疗卫生条件较差，使得儿童特别是新生儿的健康状况不良；其次，由于在战火中失去家园、与双亲走失等原因，战后日本街头孤儿、流浪儿童数量增加，不少流浪儿甚至不得不过着靠盗窃、乞讨为生的日子。在这样的背景下，日本在 1945 年和 1946 分别出台了《战争灾害孤儿保护对策纲要》《流浪及其他儿童保护应急措施的相关实施要点》后，于 1947 年颁布了《儿童福祉法》。该法由儿童福利的总则、福利保障、领养机构、费用、医疗保险相关事宜、审查请求、杂则和罚则八章构成，制定至今在内容上虽历经多次修订，但法律的基本结构维持稳定。当然，在制度初创期，儿童福利政策实际上仍以维持贫困儿童、残障儿童、流浪儿童等弱势群体的基本生活为主要目标。

20 世纪 50 年代至 1973 年石油危机爆发以前，日本进入了经济高速发展阶段，为包括儿童福利在内的社会保障制度发展提供了坚实的经济基础；与之相伴而行的是儿童福利体系的迅速扩充，多项儿童福利相关法律正是在此阶段颁布的（见表 1–7）。

此后，日本的经济发展速度相对放缓，人们开始重新评估家庭、国家、企业和社会在儿童福利中的责任分担，一些行业、职业的育儿假制度在这一时期得以建立。

表 1-7 “儿童福利六法”及相关法律

法律名称	初次制定年份	简要评述
儿童福祉法	1947	儿童福利领域的纲领性法律，1997 年后进行较大幅度修订
儿童抚养津贴法	1961	面向生活在单亲家庭等的儿童，以促进家庭生活稳定与自立、增进儿童福利为目的发放津贴
特别儿童抚养津贴支付法	1964	面向有身心障碍的儿童，以增进这些儿童的福利为目的发放津贴
母子、父子及寡妇福利法	1964①	规定了旨在促进单亲家庭以及寡妇的生活稳定与自立所采取的一系列政策措施
母子保健法	1965	旨在增进婴幼儿及其母亲的健康，规定了保健指导、健康检查、医疗等政策措施
儿童津贴法	1971	旨在增进育儿家庭或相关机构的生活安定，促进儿童健康成长。由政府和用人单位筹资，每人每月津贴 5 000~15 000 日元不等
育儿与护理休假法②	1995（1991）	旨在支持劳动者协调好工作和育儿或护理家人之间的关系
防止虐待儿童法	2000	规定了国家、地方防止虐待儿童的相关责任义务，以及儿童咨询所、相关人员发现和介入虐待儿童事件等规定
儿童与育儿援助相关三法	2012	构成育儿援助制度的法律框架，由育儿援助给付和育儿援助事业两部分组成
关于推进贫困儿童对策的法律	2013	从教育、生活保障、支持抚养者劳动就业、经济保障等多方面着手，旨在构造能让处于贫困状态的儿童也能健康成长的环境
其他儿童保护法		涉及预防与应对校园霸凌、家庭暴力、儿童色情等内容，以及各类司法保护等

资料来源：作者根据上述相关法律内容整理。

注：①在当时，法律名称为《母子福利法》；而后，该法历经 1981 年、2003 年和 2014 年三次更名，每次更名都伴随着福利政策所覆盖对象的扩展及其背后的理念变更。

②1991 年颁布的《育儿休假法》，于 1995 年与新创设的护理休假制度合并，改称《育儿与护理休假法》。

2. 日本儿童福利制度的改革期（1990—2009 年）

20 世纪 80 年代末至 90 年代，日本儿童福利从“特惠”开始走向“普惠”、从聚焦儿童的社会保护走向综合性地支持儿童及其抚养家庭全面、自立发展。1989 年，日本人口动态统计记录了总和生育率为 1.57 的低谷值，人们普遍感受到少子高龄化社会高速发展的危机感；同年，联合国颁布了《儿童权利公约》，公约中的“儿童最大利益”① 原则——涉及儿童的一切行为，必须首先考虑儿童——亦在日本后续的一系列儿童福利政策中充分体现。

标志着日本儿童福利制度系统转向普惠型发展的有两大事件。

一是在 1997 年《儿童福祉法》的修订中，儿童咨询所等为育儿家庭提供建议、支持、指导的体制机制得以系统建立。儿童咨询所不仅拥有协调能力，以专业性提升民众的获得感，更重要的是能够更有针对性地为育儿家庭、儿童在现有儿童福利政策框架内，提出一揽子福利方案，并定期根据儿童及其家庭的需要调整福利方案，从而大大提升了儿童福利政策供给与需求之间的匹配效率与匹配程度；“教护院”亦更名为“儿童自立援助机构”，体现了保障理念从儿童保护到儿童自立援助的转变。

二是 1998 年由中央社会福利审议会向厚生劳动省和日本民众提交的《有关社会福利基础结构变革》报告。构建面向一般儿童及其家庭的福利项目，营造育儿友好型社会环境，成为改革的关键与重点所在。母子生活支援机构和助产机构等的服务提供方式，从基于措置制度②转向由服务使用者有限选择的方式，即由行政机关认定并委托一批专业机构，由儿童及其抚养者选择。这标志着儿童福利从福利提供者本位向福利使用者本位的转变。

这一时期，《家庭暴力防止法》（2001 年）得以制订，旨在防止儿童受到家庭内部各类暴力的伤害，促进儿童健康成长。残障儿童福利亦有所扩展，2004 年制定的《发育障碍者援助法》将学习障碍儿童等纳入保障范围，努力使他们获得自立能力。育儿休假方面，《育儿与护理休假法》于 2009 年进行修订，通过防止劳动者享受待遇期间遭到不正当解雇、明确纠纷解决制度等，强化了制度的实施效果。

---

① The best interests of the child，有时亦称为“儿童利益最佳”原则。

② 在日本，措置制度是一种行政部门针对福利服务对象的需求，决定提供何种服务的行政权限和行政制度。

3. 日本儿童家庭福利制度的发展期（2010 年至今）

进入 21 世纪后，随着日本家庭规模小型化、少子化进程加快，“全社会应当秉持社会团结的原则积极支持家庭育儿”的理念不断加深。2012 年，儿童与育儿援助相关三法通过，幼儿的教育、保育以及地区儿童与育儿援助得到系统强化和协同推进，但其重要性和受关注程度超越了传统民生保障或福利领域议题的范畴，是作为应对少子化的对策的一项重要国策。2015 年，儿童与育儿援助新制度正式施行。同年修订实施的《儿童福祉法》也顺应这一理念变革，将享受保育服务的条件进行修订，只要被认定为有保育的必要性（而不是之前的“缺乏保育”的表述），就可以享受相应的保育服务。

此外，为了应对日益严峻的虐待问题特别是家庭内虐待儿童问题，民法上也创设了“临时停止监护权”的制度，与之配套的是在《儿童福祉法》中赋予儿童咨询所所长关于未成年人监护制度等的职权。至此可以发现，《儿童福祉法》历经多次修订，2016 年的修订涉及总论部分，联合国《儿童权利公约》中的儿童最大利益原则被写入法律，儿童福利的理念进一步得以明确化。2019 年 3 月的修订，旨在预防以“管教”为名虐待儿童的现象，强化儿童咨询所等介入疑似虐待儿童事件的能力。

三、日本儿童福利的基本理念

回顾《儿童福祉法》及相关法律的发展及沿革，可以归纳出日本儿童福利的若干基本理念，即平等、自立、共建。首先，全体儿童无论其生理、心理、经济条件、社会适应能力如何，都平等享有安全生活、健康成长、全面发展的权利。为此，日本在数十年的制度建设中，以《儿童福祉法》为基本、以其他相关法律为福利事业发展依据，构造出“普惠+特惠”的双层福利体系，不仅充分考虑到孤残儿童、单亲家庭的特殊需求，在少子化态势下也充分考虑到了一般儿童、育儿家庭的普遍发展需求。

其次，重视家庭的作用，在福利政策实施过程中充分尊重儿童及其家庭的意见，通过综合的政策体系促进儿童及其抚养家庭自立和自我实现。正确理解儿童福利理念中的儿童最大利益原则，不应仅停留在关注提供服务的质量、数量、标准和体系化等供给侧因素，而是应当将儿童本人和育儿家庭的意愿以及儿童所在社区的差异性等需求侧的具体情况统筹考虑在内。为此，20 世纪 90 年代中后期以来，日本的儿童福利政策转向以积极支持育儿家庭为施政重点，以儿童咨询所、无息教育贷款、放学后照料服务等体制机制为抓手，为儿童及育儿家庭赋能，努力营造育儿友好型社会。

最后，强调儿童福利的实现是全体国民、全社会的共同责任，除作为第一责任人的监护人外，国家、公益法人、企业、社区及其居民等应当有序协同治理、共同参与建设，使儿童能够有效共享经济社会发展成果。鉴于日本少子化程度不断加深，越来越多的国民意识到，儿童的健康成长和全面发展是全社会的共同财富，是社会经济可持续发展的不竭动力。因此，日本重视家庭在儿童福利实现过程中的作用，但也通过税收优惠、育儿假、社区育儿援助等方式，使儿童及其抚养者能够共享经济社会发展的成果。在现行《儿童福祉法》中，以上三点理念得到法律的确认，从而从顶层设计上保障了儿童福利政策的相对稳定性。

第三节　日本儿童福利的法律体系

在日本，一般认为与儿童福利直接相关的法律包括《儿童福祉法》《儿童抚养津贴法》《特别儿童抚养津贴支付法》《母子、父子及寡妇福利法》《母子保健法》《儿童津贴法》六部法律，即“儿童福利六法”；此外，与儿童福利相关的主要法律还包括《儿童与育儿援助法》及其他两部育儿相关法律（以下简称“儿童与育儿援助相关三法”）等儿童照顾方面的法律，以及司法保护、教育、医疗、劳动等方面的相关法律（见表 1–7）。

除表 1–7 列举的“儿童福利六法”以及主要相关法律外，其他社会保障项目中与儿童福利相关的条款，亦是儿童福利法体系的重要组成部分。例如，《残障者基本法》《发育障碍者援助法》《残障者综合援助法》[①]《残障者歧视消解

① 《障碍者自立援助法》（2005 年）在 2012 年修订中改称《残障者综合援助法》。

法》等都规定了与残障儿童相关的福利内容；而在《生活穷困者自立援助法》中，亦有支持生活穷困的儿童学习、生活的内容。

可以发现，日本的儿童福利涉及社会福利、教育、劳动、社会保障、司法、医疗与公共卫生等多个领域、多个主管部门；那些涉及重要国家政策的领域，如少子化对策、儿童贫困问题、男女共同参与等，则由内阁府主导、协调各部门共同进行。较高的立法层次，保障了多部门协同的高效性以及问责的有效性。

综上所述，日本的儿童福利经历了从主要保护困境儿童的“特惠”阶段到综合保障全体儿童的“普惠”阶段，再到作为应对少子化问题的儿童家庭福利阶段，是对日本少子高龄化人口结构和家庭结构小型化、核心化的不断适应。这种制度演化旨在回应儿童和育儿家庭在现代社会所面临的风险，包括贫困、照顾不足、平衡家庭和工作的压力和可持续发展（自立）等。为了应对这些风险，儿童福利的充分实现必须超越抚养家庭，由国家、社会、抚养者的用人单位等多方共同努力。平等、自立、共建是日本儿童福利的突出特征，平等即一视同仁地保护和促进所有儿童成长，既要考虑一般育儿家庭和儿童的普遍需求，又要对有特殊需求的儿童和家庭因人施策；自立强调重视福利使用者的意愿，充分尊重儿童和育儿家庭的意愿，调动其自我赋能的能力和积极性；共建是儿童福利得以长期可持续发展的重要基础，主要抓手是明确儿童福利中各方的筹资责任。

（中国劳动关系学院　蔡泽昊）

第二章　日本儿童福利制度的实施机制

儿童福利的有效实施不仅有赖于充足的财政保障，更需要公共部门以及各类儿童福利机构各尽其责。本章回顾和总结日本儿童福利财政的总体情况与各级财政分担原则，并介绍了儿童福利领域相关的行政机关、合议制机关、经办体系、维权机构和服务机构的职能、设置原则以及相互关系。

第一节　日本儿童福利财政

一、日本儿童福利相关财政的总体规模

财政保障是儿童福利制度得以有效实施的重要物质保障。从发放儿童津贴、为有需要的儿童提供各类机构服务，到委托寄养家庭抚养那些需要保护的儿童，再到设置儿童咨询所、儿童委员等咨询机构为儿童及其抚养家庭制订相关规划等，都需要由各级财政承担一定费用。

受少子高龄化人口结构的冲击，近年来包括儿童福利在内的社会保障财政支出越来越高。为了缓解压力，日本引入了消费税改革，通过提高消费税税率筹措资金，这些收入将部分用于四类社会保障支出：养老保险、医疗保险、护理保险以及少子化对策（与儿童福利密切相关）。日本财务省的预算报告显示，2020 年社会保障相关费用预算为 35.86 万亿日元，约占全年财政预算的 34.9%；在中央社会保障财政预算中，与儿童福利密切相关的少子化对策、生活扶助等一般社会福利费、保健与公共卫生对策三项合计超过社会保障总预算的两成（见表 2-1）；

中央财政向地方转移支付 15.82 万亿日元，约占全年财政预算的 15.4%，这些转移支付亦用于诸如儿童咨询所的营运、儿童委员或民生委员履职等所需费用。①

表 2-1　2020 年度社会保障相关预算

社会保障项目	预算额度（万亿日元）	比例（%）
养老金给付	12.52	35.2
医疗给付	12.15	34.1
护理给付	3.38	9.5
少子化对策	3.04	8.5
生活扶助等一般社会福利费	4.20	11.8
保健与公共卫生对策	0.52	1.5
失业与工伤对策	0.04	0.1
合计	35.86*	100*

资料来源：作者整理自財務省．令和 2 年度予算のポイント［EB/OL］.［2020-02-18］. https：//www.mof.go.jp/budget/budger_workflow/budget/fy2020/seifuan2019/01.pdf.

注：* 因四舍五入，数据加总时可能略有所偏差。

儿童福利在地方财政支出中有着十分重要的地位。如按支出目的划分，民生费是 2018 年度地方财政支出中规模最大的类别，而儿童福利支出又是民生费中规模最大的类别：日本总务省于 2020 年 3 月公布的地方财政白皮书显示，2018 年度地方财政支出中民生费用为 25.67 万亿日元，占地方年度财政支出的 26.2%②，是各项支出中占比最高的一项；在民生费用中，儿童福利占比最大（34.0%），高于老年人福利（24.3%）、其他社会福利（25.6%）和社会救助（16.1%）等类别的支出（见表 2-2）。

表 2-2　2018 年度地方财政民生费构成情况

民生费项目	支出金额（万亿日元）	比例（%）
其他社会福利	6.57	25.6
老年人福利	6.23	24.3

① 財務省．令和 2 年度予算のポイント［EB/OL］.［2020-02-18］. https：//www.mof.go.jp/budget/budger_workflow/budget/fy2020/seifuan2019/01.pdf.

② 総務省．地方財政の状況［EB/OL］.［2020-04-01］. https：//www.soumu.go.jp/main_content/000675973.pdf.

续表

民生费项目	支出金额（万亿日元）	比例（%）
儿童福利	8.73	34.0
社会救助	4.14	16.1
合计	25.67*	100*

资料来源：作者整理自総務省．地方財政の状況［EB/OL］.［2020-04-01］. https：//www. soumu. go. jp/main_content/000675973. pdf.

注：* 因四舍五入，数据加总时可能略有所偏差。

二、日本儿童福利的财政责任分担

《儿童福祉法》等法律法规对国家、都道府县和市町村三级财政的费用负担比例进行了规定。尽管各类项目的具体规则有时不同，但作为一般原则，国家负担50%的费用，都道府县和市町村共同负担余下50%的费用。例如，为有需要的儿童或育儿家庭提供特定类型的机构服务，或委托寄养家庭抚养儿童，一般由都道府县负责组织实施，所需费用由中央财政负担50%。但是，如果由市町村作出儿童福利相关的措置决定[①]，则由专门的福利机构提供服务，例如市町村通过福利机构为产妇、新生儿母子提供助产服务或母子生活援助服务等，则国家、都道府县和市町村财政费用负担比例为2∶1∶1。

面向全体儿童及其抚养者（抚养机构）的一般儿童津贴的筹资机制由雇主、国家财政和地方财政共同负担。儿童津贴的筹资结构依据支付项目和抚养者是否被雇佣而有所区别，从公布的有关数据来看，2018年中央财政负担了超过一半的费用，企业等一般雇主负担比例不足一成。一般雇主的筹资责任设定了法定上限，以缴费与标准工资之比例作为衡量指标，这一指标已经从最初的1.5‰上升至2018年的4.5‰，2018年的实际负担率为2.9‰。[②] 本书第四章将进一步介绍一般儿童津贴的相关情况。

---

① 在日本，措置制度属于行政法和社会法范畴。在本书中，如无其他特别说明，措置一词指行政机关等公共部门针对福利服务对象的需求，决定提供何种服务的行政权限和行政制度。

② 社会福祉士養成講座編集委員会. 児童や家庭に対する支援と児童・家庭福祉制度［M］. 東京：中央法規，2019：162.

与前述面向有特定需求的儿童福利不同的是，保育服务等儿童照顾需求往往具有普遍性。很长一段时间以来，日本深受低生育率问题的困扰，而入园难、入托难使得日本社会产生了“待机儿童”现象（详见本书第五章“保育制度与托幼服务”）。为了切实解决儿童照顾服务供给不足的问题，2012 年通过、2015 年生效的“儿童与育儿援助相关三法”标志着新的儿童与育儿援助制度正式实施，为儿童和育儿家庭提供各类机构型保育服务、地区型保育服务等儿童福利，这些项目所需费用，原则上由国家、都道府县、市町村按照 2：1：1 的比例负担；但公立公营机构则由市町村财政全额支付。

除此之外，一些地区型儿童与育儿援助事业（如面向小学六年级以前儿童的“放学后俱乐部”项目、为儿童及其监护人提供一系列信息与咨询服务的“福利使用者援助事业”以及其他延长保育服务）由三级财政各负担 1/3，一些项目还从用人单位等渠道筹措部分费用。各类儿童福利项目的财政负担比例见表 2-3。

表 2-3　　各类儿童福利项目的财政负担比例

<table>
<tr><th colspan="2">儿童福利项目</th><th>服务对象</th><th>中央财政</th><th>都道府县财政</th><th>市町村财政</th></tr>
<tr><td rowspan="2">一般原则</td><td>由都道府县①作出的措置决定</td><td rowspan="2">—</td><td rowspan="9">50%</td><td>50%</td><td>—</td></tr>
<tr><td>由市町村作出的措置决定</td><td rowspan="8">25%</td><td rowspan="8">25%</td></tr>
<tr><td rowspan="3">机构型②保育服务</td><td>认定儿童园</td><td>0~5 岁</td></tr>
<tr><td>幼儿园</td><td>3~5 岁</td></tr>
<tr><td>托儿所</td><td>0~5 岁</td></tr>
<tr><td rowspan="4">地区型保育服务</td><td>小规模保育</td><td rowspan="4">0~2 岁③</td></tr>
<tr><td>家庭保育</td></tr>
<tr><td>居家访问型保育</td></tr>
<tr><td>用人单位内保育</td></tr>
<tr><td>地区型儿童与育儿援助事业</td><td colspan="2">通过多达十余种项目，为儿童和育儿家庭、孕产妇等群体提供各类短期照顾、咨询建议等</td><td>1/3</td><td>1/3</td><td>1/3</td></tr>
</table>

资料来源：作者根据吉田幸惠，山縣文治．よくわかる子ども家庭福祉［M］．京都：ミネルヴァ書房，2019：62-63．部分内容整理而成。

注：①含指定都市、中核市等行政级别更高的市。

②公立公营机构由市町村财政 100% 支付。

③根据实际情况和监护人等的申请，有时也可以服务 2 岁以上儿童。

第二节 日本儿童福利的行政、审议与经办机构

儿童福利的供给涵盖经济保障、服务输送和社会环境构建等多方面，涉及国家与地方、公共部门与私营部门、家庭与儿童本人等多类主体。因此，儿童福利能否充分实现，除了需要责任分担、相对清晰的财政保障机制，以及相对全面、完善的法律法规体系作为基本依据外，也有赖于行政机关、经办机构等对儿童福利相关业务流程的有效整合，体现了一个国家和地区治理儿童与家庭领域民生发展问题的效能。

日本的儿童福利行政机关与经办机构体系分为中央政府、都道府县和市町村三个层级，除了确保行政机关、经办机构对公共事业的内部有效协调外，随着对儿童福利的认识从单纯的社会保护工具、少子化对策向支持家庭育儿与家庭式抚养的转变，近年来其与私营部门的互动也越发频繁（如图 2-1 所示）。

一、中央层面

1. 儿童福利行政机关

在国家（中央政府）层面，厚生劳动省①全面负责儿童福利的行政性工作，例如发展规划的制定与调整、监督指导、测算与编制所需预算、部门间和各级政府间业务协调等职责，具体业务由儿童家庭局负责。该局是在 2017 年机构改革中，从原先负责推进男女共同参与以及育儿政策的“均等雇佣与儿童家庭局”中，作为强化育儿援助的部门单独设立而成，下设科室包括总务科、保育科、家庭福利科、育儿援助科、母子保健科（见表 2-4）。

① 当然，与儿童相关的教育、司法保护等职能仍然分别归属文部科学省、法务省。

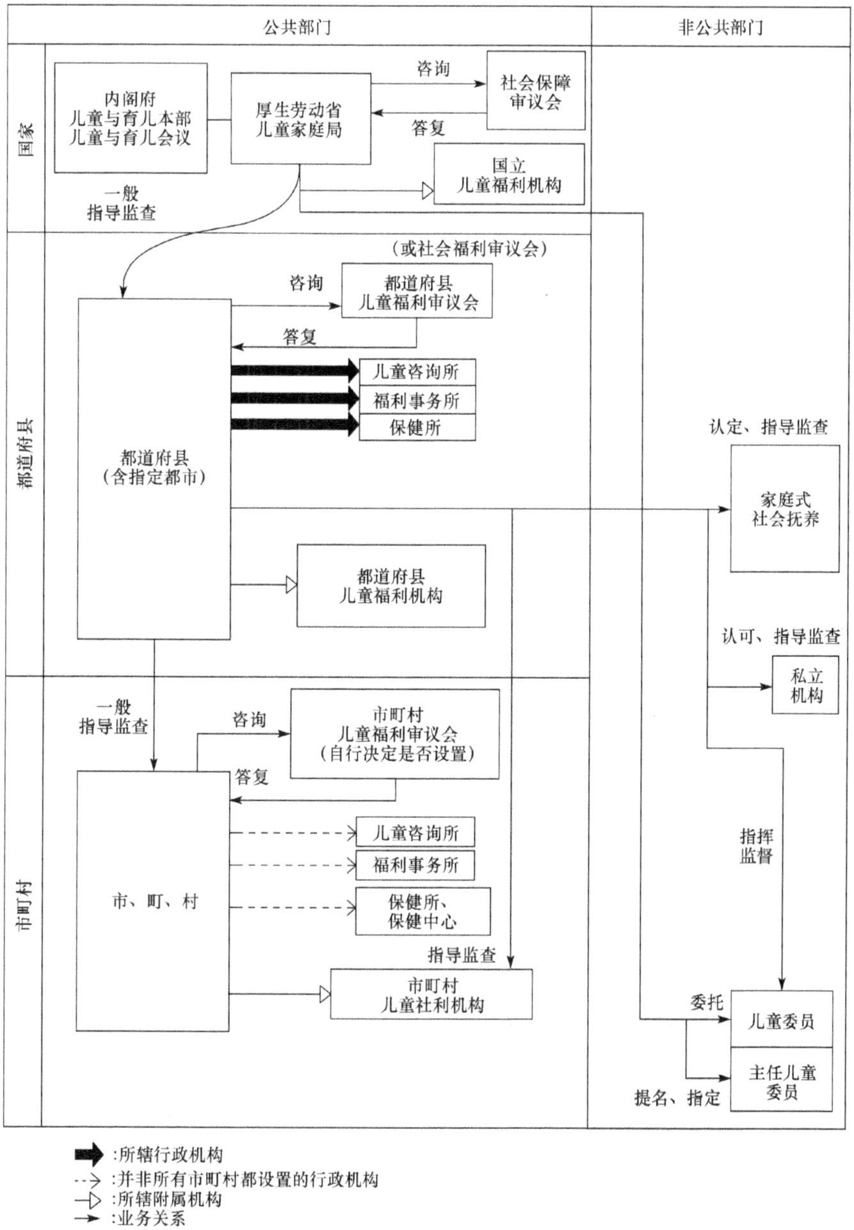

图 2-1　儿童福利行政机关与经办机构体系及其业务关系

资料来源：作者基于社会福祉士養成講座編集委員会．児童や家庭に対する支援と児童・家庭福祉制度［M］．東京：中央法規，2019：87．部分内容进行整理修订。

表 2-4　　儿童家庭局下设科室的职能分工

科室	职能
总务科	综合协调儿童家庭局所管辖业务，研究制定少子化对策以及儿童福利相关基本政策
保育科	负责保育服务、托儿所和保育专业人才的相关业务，以及放学后儿童政策、“待机儿童”相关政策、育儿支持政策
家庭福利科	负责防止虐待政策、社会抚养、单亲家庭支持政策等
育儿援助科	负责儿童咨询所、保育和育儿人才队伍建设、育儿机构建设等
母子保健科	负责母子保健相关业务、生殖辅助等方面的医疗政策等

资料来源：整理自吉田幸惠，山縣文治．よくわかる子ども家庭福祉［M］. 京都：ミネルヴァ書房，2019：57.

注：“待机儿童”是指那些符合进入托儿所、幼儿园的条件，但因为供给不足等无法进入上述托幼服务机构的儿童。

总体上看，国家（中央政府）的职责包括制度顶层设计、对市町村政府的资金转移支付、育儿资源整合以及指导各级地方政府制定推行“儿童与育儿支持规划”等。值得一提的是，自 2015 年实施新的儿童与育儿援助制度后，为了促进儿童福利在制度、筹资和给付上的整体推进，日本在中央政府层面设置了“儿童与育儿本部”。新制度的重要改革目标在于，将原先事权、财权较分散的儿童与育儿支持政策整合为制度基础、资金来源与给付都相对统一的体制，从而有利于整体推进儿童与育儿事业。

2. 儿童福利合议制机关

在行政机关之外，在中央层面设置的社会保障审议会是重要的独立审议机关，包括社会福利在内的社会保障重大事项，依法接受厚生劳动大臣①以及中央政府（内阁府）其他相关行政部门首长的咨问，对儿童福利等相关事项进行调查审议。社会保障审议会下设医疗服务、社会福利、长期护理、医疗保险和养老保险等分会，其中社会福利分会又设立了社会福利专委会、儿童福利专委会、身心障碍者专委会等。

① 即厚生劳动省的行政首长。

尽管具体名称和设置规则有所不同，但此类审议会在中央和地方均依法设置。[①] 值得一提的是，作为专门审议调查儿童福利事务的独立合议制国家机关，此类审议会是确保儿童福利政策在制定与实施过程中，能够广泛、民主、深入地了解民生需求现状与政策实施效果的必要体制机制。中央社会保障审议会由厚生劳动省大臣从学识和经验丰富的人士中提名，共计 30 人。委员确定后，通过选举的方式产生会长；根据特别事项或专业事项，也可以设置临时委员或专业委员。所有委员均非专职，任期为 2 年，到期后亦可连任。

公立儿童福利机构（含托儿所）在中央和地方均有设立，不属于行政机关，其职能将在本章第三节详细介绍。

二、地方层面

1. 儿童福利行政机关

在地方层面，与儿童福利相关的行政机关由都道府县（含指定都市[②]等）和市町村两个层级组成，二者有着相对明确的职能分工。都道府县政府负责所辖行政区划内儿童福利的规划与预算工作，对各类儿童福利机构进行认可与指导监督，决定儿童是否进入除托儿所以外的儿童福利机构，设置、运营儿童咨询所等经办机构以及对市町村提供必要的援助（指定都市亦享有同样的权限）。

在市町村级，行政机关负责与所辖地区居民密切相关的各类儿童行政事务，例如设置包括托儿所在内的各类儿童福利机构并提供相应的服务。特别是 2003 年修订的《儿童福祉法》中，明确了实施育儿短期支援事业等各类儿童与育儿支持服务是市町村的法定义务，此后，处于基层的市町村政府在儿童福利的具体实施中被赋予越来越重要的地位。例如，在 2004 年修订的

---

① 社会保障审议会基于《厚生劳动省设置法》第六条、第七条设置，地方的儿童福利审议会或社会福利审议会基于《儿童福祉法》第八条设置。

② 那些人口超过 50 万、经相关法规指定的城市被称为指定都市，被赋予社会福利、公共卫生等方面的职权。类似地，人口超过 20 万的城市、经相关法规指定的城市被称为中核市，但与指定都市相比有所限制。

《儿童福祉法》中，原定由儿童咨询所提供儿童福利相关咨询的集中供给体制发生变化，市町村作为最贴近居民的地方自治组织，其政府或社会福利经办机构被赋予一站式接待窗口的地位，为辖区内市民提供包括儿童福利在内的各种服务；在2016年修订的《儿童福祉法》中，市町村政府被赋予努力设立“儿童家庭综合支援处”的义务，该机构旨在为实施儿童和孕产妇相关福利政策提供保障，主要方式包括调查和把握实际情况，提供信息、咨询、指导，联系协调其他相关机构等。

2. 儿童福利合议制机关

各级地方也设置了儿童福利专门的审议会或社会福利审议会。现行法律规定，都道府县和指定都市必须设置儿童福利审议会，其职权与中央社会保障审议会类似，而一般的市町村可根据需要自行决定是否设置。这些与儿童福利相关的合议制地方机关接受本级政府行政首长的咨询，在调查审议后予以答复。

3. 儿童委员

作为共建、共治、共享理念的重要体现，日本在最基层的市町村层级还设置了儿童委员（含主任儿童委员）这一非专任职位，但不额外给付工资。其产生程序是：各基层政府依法设置的民生委员推荐会①在合适的人选中②推荐儿童委员候选人，由厚生劳动大臣直接委任，由都道府县负责指挥和监督。

这些儿童委员被赋予特殊兼职地方公务员的身份，尽管并没有因此得到额外的工资。儿童委员一般由当地的民生委员兼任，对基层的社会福利总体情况有着更全面、深入的了解，从而增强了福利政策的协调性。此外，这些委员都有（多数是私营部门的）本职工作或事业，这些更有利于他们履行其职责：从外部相对独立的视角，切实把握所负责地区的儿童福利实际情况，为地区居民提供儿童福利服务的相关信息和建议，居间协调私人部门（儿童及其家庭）与公共部门（经办机构、儿童福利机构）间的关系，通报需要保

① 基于《民生委员法》。

② 例如热心儿童福利事业、为人正直品行高尚、有较高的学识和经验等。

护儿童的有关情况，与公共部门一道共同增进儿童及其抚养家庭的获得感并提升他们的福祉。截至 2017 年 3 月底，日本共委托 230 700 名儿童委员，其中主任儿童委员为 21 445 名。统计数据显示，儿童委员每年人均履行职责 167.0 次，其中地区福利活动 38.3 次、接受咨询或提供支援 27.9 次、实施调查 25.1 次。①

4. 儿童福利经办机构

都道府县和指定都市的经办体系由儿童咨询所、福利事务所和保健所组成。② 与地方厚生劳动省局下辖的其他科室相比，这些经办机构的运作相对独立，负责具体实施儿童福利的相关业务。

（1）儿童咨询所

儿童咨询所在儿童福利实施体系中有着非常重要的地位，承担着应对儿童及其抚养家庭的咨询、把握儿童面临的风险和真实福利需求、考察儿童所生活的环境并为每个儿童及其抚养家庭提供最有效的支持与援助的职责。上述职责是通过在所内配置各类专业人员、提供及时准确而有效的咨询服务并切实协调整合各类儿童福利资源达成的：儿童福利专员作为社会工作者实施全方位调查和指导工作；儿童心理专员负责与心理有关的面谈、检查与治疗；所内的儿童临时保护所也配置了儿童指导员和保育士；其他专业人士还包括医生、保健师、律师等（关于专业人员配置的详细内容，将在第七章介绍）。

儿童咨询所的四大基本功能包括：面向基层市町村政府协调并援助其履行儿童福利相关职责的功能，面向儿童和育儿家庭等的咨询功能，面向需要保护的儿童提供临时保护的功能，以及采取其他必要措施的功能等；此外，还有权向家庭法院提起诉讼，请求其剥夺或停止儿童监护人的监护权等。在行政区域中，每 50 万人口至少应当设置一个儿童咨询所，具体设置由地方政府根据实际情况决

---

① 厚生労働省. 民生委員？児童委員参考データ_IFC［EB/OL］.［2019-10-04］. https：//www. mhlw. go. jp/stf/seisakunitsuite/bunya/hukushi_kaigo/seikatsuhogo/minseiiin/01. html.

② 三类经办机构在都道府县和指定都市属于依法必须设置的机构。中核市和一般市町村等如果认为需要，也可设置。

定。截至 2017 年 4 月，日本共设置了 210 个儿童咨询所。①

厚生劳动省最新公布的福利行政年度报告显示，2017 年儿童咨询所共计为 466 880 件个案提供咨询服务，从儿童咨询所接受的咨询事由看，与社会抚养相关的个案占比最高（41.9%），共计 19.58 万件，其中多为与虐待儿童相关的个案（13.38 万件）；其次是与儿童残障有关的咨询（39.6%），共计 18.50 万件；与育儿支持相关的占一成左右（4.34 万件，9.3%），而其他类型占比均不超过 6.0%（如图 2-2 所示）。从统计数据上看，2013 年至 2017 年社会抚养和儿童残障类咨询所占比例较大，二者合计比例一直高于该年度咨询个案总数的 75%。②

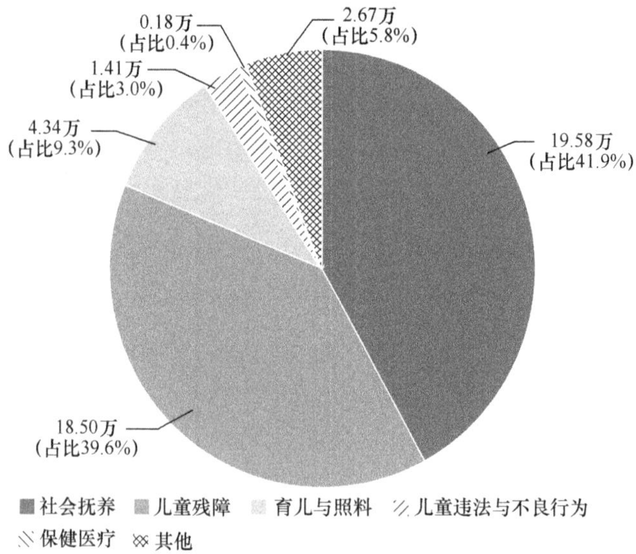

图 2-2　2017 年儿童咨询所提供的各类咨询服务个案数

资料来源：作者整理自厚生労働省. 平成 29 年度福祉行政報告例の概況[EB/OL]. (2019-10-30)[2019-11-02] https://www.mhlw.go.jp/toukei/saikin/hw/gyousei/17/dl/kekka_gaiyo.pdf.

注：因四舍五入，上图各项加总数值可能与实际案件总数略有出入。

① 西郷泰之，宮島清. ひと目でわかる保育者のための児童家庭福祉データブック2019 [M]. 東京：中央法規，2018：11.

② 厚生労働省. 平成 29 年度福祉行政報告例の概況 [EB/OL]. (2019-10-30)[2019-11-02]. https://www.mhlw.go.jp/toukei/saikin/hw/gyousei/17/dl/kekka_gaiyo.pdf.

（2）福利事务所

各级福利事务所是执行福利六法的综合性经办机构，截至 2017 年 4 月，日本共有 1 247 个福利事务所。[①] 其与儿童福利相关的职能包括：①了解和把握所辖区域的实际情况，例如资产状况调查，调查儿童与育儿家庭所处经济、社会环境等；②提供儿童以及孕产期妇女相关的咨询服务，实施必要的调查，进行个别和集体指导；③实施助产或母子保护服务；④受理与被虐待儿童有关的通报，受理单亲家庭福利贷款申请；⑤作出是否需要提供儿童福利、提供什么类型的福利等相关的专门判定，将需要入住有关儿童福利机构的个案移送至儿童咨询所。此外，为了确保经办能力充足，现行制度规定，福利事务所根据管辖地区内家庭户数配置专职工作人员（见表 2-5）。

表 2-5　　福利事务所管辖家庭户数与专职工作人员的配置人数

设置主体（层级）	专职工作人员额定人数		追加专职工作人员数	
都道府县级	管辖家庭户数不足 390 户时	6 人	管辖家庭每增加 65 户	1 人
市级	管辖家庭户数不足 240 户时	3 人	管辖家庭每增加 80 户	1 人
町村级	管辖家庭户数不足 160 户时	2 人	管辖家庭每增加 80 户	1 人

资料来源：厚生労働省．所員の定数［EB/OL］.（2020-04-01）［2020-09-22］. https：//www. mhlw. go. jp/stf/seisakunitsuite/bunya/hukushi_kaigo/seikatsuhogo/fukusijimusyo/index. html.

福利事务所与儿童咨询所在儿童福利方面的职能分工区别主要在于，福利事务所（及其设置的家庭与儿童咨询室）更多地是为紧密联系基层地区的窗口式经办机构，接受与儿童福利相关的各种咨询；而儿童咨询所及其职员有着高度的专业背景，承担着对儿童及其抚养家庭实施一系列更加专业的调查、作出判定等职能，并以此为基础回应各类咨询，提出针对性与操作性强的一揽子儿童福利方案。从所从事的咨询业务上看，福利事务所侧重于为相对较简单、轻度的儿童问题提供咨询，而儿童咨询所则侧重于为较严重、需要较高专业性的问题提供咨询；福利事务所以儿童会、母亲俱乐部等基层社区组织为中心开展业务、实施政

① 厚生労働省. 福祉事務所とは［EB/OL］.（2020-04-01）［2020-09-22］. https：//www. mhlw. go. jp/stf/seisakunitsuite/bunya/hukushi_kaigo/seikatsuhogo/fukusijimusyo/index. html.

策，而儿童咨询所主要是对儿童和育儿家庭的个别问题进行处理。[①]

（3）保健所（保健中心）

保健所是依法[②]实施改善国民营养、环境卫生、母子保健、精神保健等方面一系列政策的公共卫生核心机构，其所涉及儿童福利的职能主要基于母子保健的政策视角。此外，近年来，随着日本虐待儿童问题的演化，保健所在新生儿与幼儿健康诊断以及上门访问等环节预防虐待儿童、及早发现虐待现象以及及时通报虐待个案等方面，亦发挥着重要功能。

母子保健领域的儿童福利服务亦出现向基层下沉的情形，例如 1997 年的《母子保健法》《地区保健法》等法律的修订规定，原则上将包括母子保健服务在内的一系列福利服务移交给基层市町村政府一并实施（或称“一元化”的服务供给）；此外，一直以来由都道府县保健所实施的早产儿养育、指导和医疗服务，2013 年起亦改由市町村保健中心提供。因此，尽管目前在都道府县、指定都市、中核市等层级已经设置了 486 个保健所，但随着儿童福利行政与服务的下沉，基层市町村（根据需要设置的）保健中心的地位亦变得越发重要。

综上所述，目前保健所提供相对更专业、更有针对性的母子保健服务，而基层所设立的保健中心则倾向于提供更基本的母子保健服务，二者在儿童福利领域的基本职能分工如下：

①健康诊断方面，保健中心负责实施孕产妇和婴幼儿的一般健康诊断，而保健所则负责诸如先天性代谢异常等专门检查；

②保健指导方面，保健中心负责交付母子健康手册、实施育儿教育等，而保健所则提供不孕不育方面的专门咨询以及女性健康教育等；

③医疗护理方面，自 2013 年起早产儿的护理与医疗由保健中心实施，保健所提供必要的技术援助。

---

① 当然，设置在都道府县的福利事务所也承担着为市町村基层政府提供儿支持和较专业的咨询服务的职能，这一点上与儿童咨询所的职能类似。

② 基于《地区保健法》（日文为《地域保健法》）第六条。

三、日本儿童福利中的权利维护与纠纷解决主体

日本在国家层面并未设置独立的儿童权利维护机关，但一些地方性政府制定了儿童权利条例。最早以制度化形式创设独立机构的是兵库县川西市，1998 年的《儿童人权申诉专员条例》①，规定了儿童的意见表达权、为救济受侵害的儿童基本权利而展开调查的权力以及给予劝告的权力。2002 年，埼玉县制定了《埼玉县儿童权利维护委员会条例》，设立了公平中立的独立机构“儿童权利维护委员会”。此后，其他地区亦建立了类似独立的权利维护机构，较具代表性的有权利救济机关型“儿童援助中心”（北海道札幌市）以及咨询室型的“宗象儿童权利咨询室”（福冈县宗象市）等。②

行政复议机构是儿童福利权利救济的重要主体。儿童福利实施过程中涉及大量行政机关的措置行为、认定行为等，因此与行政诉讼和行政复议制度关系密切。日本的行政争议纠纷实行复议前置原则，对行政机关在儿童福利领域的作为或不作为有异议时，原则上应当先经过行政复议，方可提起诉讼。但在近年来的行政救济制度改革中，《儿童与育儿援助法》《儿童抚养津贴法》等福利领域的实体权利可由权利人自由选择直接提起行政诉讼或申请一般行政复议。

除行政复议机构外，鉴于儿童属于社会弱势群体，需要全社会共同维护其权利，因此，一个运行有效的社会监督机制在儿童福利实施体制中尤其重要。在各类儿童权利侵害问题中，虐待儿童问题十分突出。无论是使用托幼服务的一般儿童，还是那些需要特殊保护的儿童（如残障儿童等），由于他们的行为能力和表达渠道受限，在接受社会照顾、社会抚养过程中容易面临被虐待等侵害儿童权利的行为。2009 年，《儿童福祉法》修订案实施，同时制定实施的还有“应对被措置儿童虐待现象的导则”，强化了市町村、福利事务所、儿童委员、儿童咨询所等机构的职能，接受儿童及其监护人的咨询，或其他发现者的报告，从制度层面系统应对虐待儿童尤其是在儿童福利实施过程中的虐待儿童问题（本书的第三章

① 申诉专员的日文“オンブズマン”源自“Ombudsman”一词。申诉专员的特点，是从行政机关外部以公正、整理的立场实施监督，在认为必要的时候或应市民的诉求实施调查、劝告。

② 木村容子，有村大士. 子ども家庭福祉（第 2 版）［M］. 京都：ミネルヴァ書房，2018：94.

将进一步介绍这一内容）。

自2012年起，各类儿童福利事业实行常态化的第三方评价制度。儿童福利事业的举办者每三年应当进行不少于一次的第三方评价，这一结果应当连同自评结果向社会公开。此外，儿童福利机构内设的投诉窗口以及设置于都道府县社会福利协议会的营运合理化委员会等体制机制，也是重要的社会监督机制。

最后，日本的司法系统亦发挥着最后的权利救济功能。其中，家庭法院与儿童福利密切相关。家庭法院主要由少年审判部和家事审判部两个部门组成。少年审判部主要处理20岁以下触犯法律者的案件，对违法犯罪的未成年人（20岁以下）适用特定的司法政策，作出包括福利、教育方面的决定。家事审判部主要解决家庭内部的各类问题，与儿童福利尤为密切。例如，儿童的监护人失责、失格，需要由家庭法院宣告监护人的亲权丧失，继而指定新的监护人，或者作出需要保护的儿童进入儿童福利机构的认定。

第三节　日本儿童福利机构的类型与功能

日本儿童福利机构为儿童和育儿家庭提供一系列专业服务和咨询，是日本儿童福利实施机制的重要构成部分。表2-6列举了日本各类儿童福利机构及其功能，儿童福利机构根据其使用方式以及功能划分。根据儿童福利机构所提供服务与公共部门的关系紧密性强弱，可大致分为两类：第一类机构提供的服务必须有儿童行政与经办机构的决定方可使用，第二类机构提供的服务则可由儿童或其监护人根据需要选择而自由使用。从产权上看，第一类机构多为公立机构，而第二类机构则以私营机构为主。表2-7进一步归纳了日本的各类儿童福利机构的类型。这些机构以为儿童及其抚养家庭提供适合的生活环境为目标，通过抚养、保护、培训、指导等多种形式，不断增进儿童福祉。

儿童福利机构的运营标准由各都道府县在国家统一规定的框架[①]内自行设

① 即《儿童福利机构的设备与运营相关标准》（《児童福祉施設及運営に関する基準》）。

立，对机构配置的职员类型、职员数量，居住场所的床位面积，确保儿童得到恰当对待等营运各方面予以规范。对于跨部门的儿童福利机构（例如幼儿园、托儿所、合作型儿童园、地区型保育事业等），则由内阁府设立单独的运营标准或由内阁府与文部科学省、厚生劳动省等共同设立。本书第三章和第五章将对各类儿童福利机构的功能以及福利服务的申请与使用方式作进一步介绍。

表 2-6　　各类儿童福利机构及其主要功能

<table>
<tr><th colspan="2">机构类型</th><th>主要功能</th></tr>
<tr><td colspan="2">助产机构</td><td>为经济有困难而无法接受住院助产服务的孕产妇提供助产服务</td></tr>
<tr><td colspan="2">乳儿院</td><td>接受婴儿（特殊情况下也包含幼儿）入院抚养，并为出院者提供咨询等其他援助</td></tr>
<tr><td colspan="2">母子生活支援机构</td><td>接受无配偶的女性（或其他类似情况者）及其监护的儿童入住机构并提供保护，支持其生活以及促进其自立，并为退出机构者提供咨询等其他相关援助</td></tr>
<tr><td colspan="2">托儿所</td><td>日常接受监护人的委托，为有需要的婴幼儿提供保育服务</td></tr>
<tr><td colspan="2">幼保合作型
认定儿童园等</td><td>为3周岁以上需要教育或保育服务的儿童提供相应的服务，提供有利于这些儿童身心健康成长的环境，并为其监护人的育儿行为提供支持</td></tr>
<tr><td colspan="2">儿童抚养机构</td><td>接受孤儿等没有监护人的儿童（原则上不包括婴儿，但特殊情况下也可接受）、受到虐待的儿童或其他需要保护的儿童等进入机构，由机构进行抚养，并为退出机构者提供咨询及其他促进其自立的援助</td></tr>
<tr><td rowspan="2">入住型
残障儿童机构</td><td>福利型</td><td>接受残障儿童入所，为其提供监护，指导其日常生活，教会其自我独立所需要的知识和技能</td></tr>
<tr><td>医疗型</td><td>基本功能同上（福利型），但同时还对儿童实施治疗</td></tr>
<tr><td rowspan="2">儿童发育
成长支援中心</td><td>福利型</td><td>由监护人将残障儿童日常接送至机构中，指导儿童进行日常生活的基本动作训练，教会其自我独立所需要的知识和技能，或者为了让其适应集体生活而提供训练</td></tr>
<tr><td>医疗型</td><td>基本功能同上（福利型），但同时还对儿童实施治疗</td></tr>
<tr><td colspan="2">儿童心理治疗机构</td><td>针对那些难以适应家庭环境、在学校与同学交往或其他生活环境的儿童，以短期入住机构的形式或监护人日常接送的方式，在机构内为儿童提供必要的心理治疗以及生活指导，并为退出机构者提供咨询及其他促进其自立的援助</td></tr>
<tr><td colspan="2">儿童自立支援机构</td><td>主要针对那些存在不良行为的儿童，以入住的形式或监护人日常接送的形式，根据每位儿童的状况对他们实施生活指导，支持其自立</td></tr>
</table>

续表

机构类型	主要功能
儿童馆	为儿童的健康成长提供游戏空间，以期增进其健康或陶冶其情操
儿童游乐园	基本功能同儿童馆，但根据实际情况强化了预防意外伤害的功能
儿童家庭支援中心	针对基层地区儿童福利的各类相关问题，面向儿童及其抚养家庭等提供咨询；提供专业知识和技术支持，提出必要的建议；根据市町村的要求，提供技术建议和其他必要的援助，对需要保护的儿童或者其监护人实施指导，协调和联络儿童咨询所、其他儿童福利机构等

资料来源：整理自社会福祉士養成講座編集委員会．児童や家庭に対する支援と児童・家庭福祉制度［M］. 東京：中央法規，2019：96.

表 2-7　　儿童福利机构的功能与儿童生活形态

<table>
<tr><th></th><th>入住型</th><th>接送型</th><th>使用型</th></tr>
<tr><td rowspan="5">社会抚养</td><td>乳儿院</td><td rowspan="3">（无）</td><td rowspan="6">（无）</td></tr>
<tr><td>母子生活支援机构</td></tr>
<tr><td>儿童抚养机构</td></tr>
<tr><td colspan="2">儿童心理治疗机构</td></tr>
<tr><td colspan="2">儿童自立支援机构</td></tr>
<tr><td>残障儿童</td><td>入住型残障儿童机构
（含福利型、医疗型）</td><td>儿童发育成长支援中心
（含福利型、医疗型）</td></tr>
<tr><td rowspan="3">育儿</td><td rowspan="3">（无）</td><td>托儿所</td><td>儿童馆</td></tr>
<tr><td rowspan="2">幼保合作型
认定儿童园等</td><td>儿童游乐园</td></tr>
<tr><td>儿童家庭支援中心</td></tr>
<tr><td>保健</td><td>助产机构</td><td colspan="2">（无）</td></tr>
</table>

资料来源：作者整理自吉田幸惠，山縣文治．よくわかる子ども家庭福祉［M］. 京都：ミネルヴァ書房，2019：76.

综上所述，日本儿童福利财政在财政预算与支出中均有着较重要的地位，在依法确立三级财政各自负担比例的基础上，建立了相对清晰的财政支出预期。从中央到地方三级政府的行政与经办体系是儿童福利实施机制的重要框架，其中，基层政府及其经办机构主要作为一站式窗口单位，解决一般性和相对简单的问题，而都道府县等省级地区的儿童咨询所、福利事务所等则倾向于解决相对更加复杂、需要更多专业技能的问题；此外，设置在中央和各级地方的社会保障、儿童福利审议会则是实现共建、共治、共享的重要抓手。各类儿童福利机构为儿童及其抚养者提供了多种服务。

（中国劳动关系学院 蔡泽昊）

第三章 日本的社会抚养与儿童福利机构

社会抚养是日本儿童福利的重要组成部分，主要包括儿童保育、受虐儿童保护和单亲家庭援助等方面。通过寄养家庭和儿童福利机构等方式，社会抚养为那些失去双亲无依无靠的儿童，或无法在安全健康的家庭环境下成长的儿童提供容身之地和成长之家。随着维护儿童权益思想的深入人心，创造等同家庭的养育环境的理念已成为新的国际共识。日本作为联合国《儿童权利公约》缔约国始终都在积极地面对儿童问题，并通过法律和体制的改革，逐步完善社会抚养体系。本章将围绕日本现状，分析和解读日本社会抚养的制度特征、服务体系构建、家庭式抚养和机构式抚养的含义和种类，以及社会抚养面临的课题与发展方向。

第一节 日本的社会抚养概述

一、日本社会抚养的理念

日本的社会抚养是一个综合性的儿童抚养保护制度，其对象为失亲儿童或因遭受虐待而需要保护的儿童。社会抚养和由原生家庭父母进行的个人抚养不同，抚养的义务和责任是由国家和社会承担的，社会抚养的提供主体是寄养家庭和儿童福利机构。截至 2019 年 4 月，日本共有 44 354 名儿童正在接受社会抚养，其中儿童福利机构的比例为 84.5%，寄养家庭的比例为 15.5%。虽然儿童福利机构目前仍是社会抚养的主流形式，但是日本现已将寄养家庭确立为未来社会抚养的发展重心，因而其占比将逐渐增加。

社会抚养遵循联合国《儿童权利公约》。公约规定，父母或视具体情况而定的法定监护人对儿童的抚养和发展负有首要责任。第二十条第一项规定，暂时或永久脱离家庭环境的儿童，或为其最大利益不能在这种环境中继续生活的儿童，应有权得到国家的特别保护和协助；第二项规定，缔约国应按照本国法律确保此类儿童得到其他方式的照顾；第三项规定，这种照顾除其他外，包括寄养、伊斯兰法的“卡法拉（监护）”、收养或者必要时安置在适当的育儿机构中。因此，社会抚养需要为儿童提供代替性的监护，应以寄养和收养等家庭式抚养作为首要选择，应以机构式抚养作为最终的必要保障。

基于以上原则，日本将社会抚养的基本理念定为“保障儿童的最高权利”和“全体社会的共同抚养”，即在尊重儿童人权，保障儿童身心健康成长的同时，为儿童实现自立成人并融入社会提供最大程度的援助。这一基本理念可以理解为，政府通过履行国家的公共责任，合理抚养和保护有社会抚养需求的儿童，同时对有抚养困难的家庭进行相应的援助。因此，社会抚养的对象不仅是那些因父母的疏忽照顾、虐待或拒绝抚养而无法生活的儿童，同时也包括那些因监护人的经济状况、精神疾病、住院或死亡等而被迫陷入生活危机的儿童。

二、日本社会抚养的基本情况

近年来，日本社会抚养的儿童在数值上虽然没有显现出较大的上升态势，但是考虑到少子化和低出生率等因素，接受社会抚养的儿童比例实质上是增加了的。社会抚养设立之初是为了解决战后的大量孤儿和流浪儿的收容保护问题。如今，随着核心家庭的日益增多，家庭结构也在逐渐走向多元化，在日本传统的家长制和血缘束缚弱化的同时，家庭和个人的抚养责任实则相应增大。因此，在抚养孩子和赡养老人这类费心费力的生活事件面前，现代的家庭功能变得越发脆弱。加之，公共服务等的正式性支援和地区及非营利性机构等的非正式性支援也存在一定的需求缺口，进而使得一些肩负第一抚养责任的监护人无法完全履行抚养义务，严重影响了儿童的成长，同时虐童的风险也随之增加。

同时，自 2000 年《防止虐待儿童法》颁布后，潜在性的虐童事件逐渐浮出水面，虐童比例也呈爆发式增长。2018 年日本儿童咨询所共受理虐童咨询案

159 850 件，比 2017 年增加了 26 072 件，增幅将近 20%，是 2000 年的 13.7 倍。其中，身体虐待案 40 256 件（25.2%），疏忽照顾案 29 474 件（18.4%），性虐待案 1 731 件（1.1%），精神虐待案 88 389 件（55.3%）。从通报者的构成来看，家人 11 178 件（7%），亲属 2 313 件（1%），邻居或熟人 21 449 件（13%），儿童自己 1 414 件（1%），福利事务所 8 331 件（5%），儿童委员 230 件（不足 1%），保健所 3 542 件（2%），医疗机构 2 440 件（2%），警察 79 150 件（50%），学校 11 449 件（7%），其他 18 138 件（11%）。另外，残障也是诱发虐童的直接原因之一。截至 2013 年，日本儿童福利机构中的残障儿童占比为 28.5%。受虐儿童中的绝大部分有发育性残障，这也客观地加大了寄养家庭和儿童福利机构的抚养难度。

社会抚养的功能主要分为养育功能、心理关怀功能和地区支援功能三类。养育功能是指对缺失家庭环境的儿童进行保护和养育，其中包括提供安心安全的生活环境，帮助儿童养成良好的生活习惯，使儿童能在抚养者的抚养下健康成长。心理关怀功能是指对受虐待或缺失抚养的儿童进行心理创伤治疗，即由专业人员介入，帮助儿童建立“依恋”，并对受虐体验造成的“闪回”和“解离”等进行心理干预，使其走出离别父母与亲人的心理阴霾，帮助其形成健康的人际关系；并且，还需要通过建立儿童与特定的抚养者的个别且持久的养护关系，使儿童主动、积极地参与地区生活，从而提高其在未来的社会适应性。地区支援功能是指对退出社会抚养机构的儿童及监护人提供咨询和后续支援，即设立地区性的育儿站，帮助家庭解决抚养方面的困难，维系家庭和睦，重铸亲子关系等。在整个社会抚养的过程中，相关机构和人员的专业性是一个值得强调的部分，这是社会抚养能够发挥功能的保证。并且，为了保证支援的效果，相关责任人需要每年进行一次自我评估，同时也必须接受来自第三方机构的三年一次的外部评估。

此外，依据 2012 年日本厚生劳动省颁布的社会抚养方针，抚养者必须根据儿童个人的身心发育、成长情况、家庭环境、成长经历、人际关系等要素合理地落实养育和养护责任。同时，除了为儿童提供安心安全的生活环境和杜绝虐待之外，社会抚养还要防止代际传递连锁效应，并促进儿童的社会融合。虽然在必要的情况下，可以通过机构式抚养使儿童与原生家庭隔离，但是在保证了儿童身心安全后，能使儿童回归最自然的原生家庭才是社会抚养的终极追求。不过，由于虐待等原因，那些已经入住了寄养家庭或儿童福利机构的儿童，最终能够顺利回归原生家庭的比例目前还很低。因此，如何加强儿童咨询所与相关机构间的合作，共同为重铸亲子关系提供充足的援助依旧是目前日本社会抚养机构无法回避的难题之一。

三、社会抚养的发展历程

日本社会抚养的历史可以追溯到1868年开始的明治维新时期。当时的日本，国家开始逐步走向近代化，人们的生活也随着社会变革发生变化。新生的贫困者开始涌现，孤儿和弃儿也逐渐增多。1874年，日本政府颁布了近代历史上的第一部济贫法案《恤救规则》，开始救济"无依无靠的贫民"，这其中也包括13岁以下的孤儿。不过，由于这一制度仅是一个应急性的治安对策，所以收效甚微。事实上，政府此时并没有实质承担起保障国民生活的责任，针对儿童福利的部分更是一片空白。

在这样的背景下，日本的民间慈善家们开始活跃。日本最早的孤儿保护及收容机构是1868年由松方正义创立的"日田养育院"（大分县大分市）和1872年由法国修女玛蒂尔德（Mère Sainte Mathilde）创立的"仁慈堂"（神奈川县横滨市）。而最早的育儿机构是由岩永真纪于1874年创立的"浦上养育院"（长崎县长崎市）。1884年池上雪枝创立了"池上感化院"（大阪府大阪市），1885年高濑真卿创立了"东京感化院"（东京都）。他们本着"感化"的原则，救济那些闲散在社会中的不良少年，并对他们提供保护和教育。

1887年石井十次创立了"冈山孤儿院"（冈山县冈山市）。冈山孤儿院实行"小舍制"① 和"家庭主义"②，是现在的寄养家庭的前身。同时还设有《冈山孤儿院十二原则》③，其中的"非体罚主义"和"密室主义"④ 对日本的社会抚养

① 由一名保姆照看十几名孤儿的小型家庭型宿舍体制。

② 以10人左右的小宿舍为单位，如家庭生活一般，尊重每个家庭成员的不同个性发展。

③ 家庭主义、委托主义、满腹主义、实践主义、非体罚主义、宗教主义、密室主义、淘米主义、旅行主义、小学主义、实业主义、化缘主义。

④ 不当众直接批评孩子的恶行，而是选择在安静的房间里单独与孩子交流。

理念影响深远。1889 年冈山孤儿院共收容孤儿 51 名，而到了 1903 年收容的孤儿数增长至 1 200 名。创立者石井十次的普遍主义儿童养护思想超越了当时的时代，因而，他被誉为日本儿童福利史上最伟大的先驱者之一。

1891 年石井十亮创立了日本第一家收容智力障碍儿童的机构“孤女学院”[①]（东京都）。1899 年留冈辛助创立了“家庭学校”（东京都），成为此后的感化院[②]和儿童自立援助机构的原型。1890 年赤泽锺美创立了日本最早的托儿机构“私立静修学校”（新泻县新泻市）。1900 年野口幽香创立了“二叶幼儿园”[③]（东京都），开始为贫困家庭提供保育服务。

进入大正时代，欧美新的儿童观念和儿童养护技术开始传入日本，日本的儿童福利也因此有了更快发展。1915 年，日本第一家处理儿童发育及保护等问题的咨询所在东京设立。1919 年，大阪市儿童咨询所设立。1920 年，东京府儿童保护制度出台，政府开始对不良儿童、流浪儿童、未就学儿童、贫困儿童和残障儿童提供个别性的保护和援助。除了儿童福利机构数量增加和规模扩大之外，机构的专业化也初见端倪。1921 年，专门收容婴幼儿的“东京赞育会乳儿院”（东京都）和“堀川乳儿院”（大阪府大阪市）成立。1921 年，柏仓松藏创立了第一家肢体残障儿童机构“残障人之家柏学园”（东京都）。

昭和时代以后，1929 年日本政府颁布了《救护法》，由政府划拨经费，补助儿童福利机构建设，并承担收容儿童的一部分开销。因此，儿童福利机构的运营得到了一定程度的保障，同时也强化了政府的管制职责。不过，由于此时世界经济危机的影响，日本军国主义开始横行，人道主义的儿童救济思想逐渐被“为服务战争提供战斗力量”的思想所替代。此后，第二次世界大战爆发，食物严重匮乏，儿童福利机构运营极其艰难。这样的情况一直延续到日本战败。总的来说，虽然这一时期儿童保护得到了一定程度的普及，但是由于救济制度的缺陷及战时体制，政府的无力一览无遗，民间慈善仍旧是这一时期儿童救济的重要方式。

日本战败后，各地千疮百孔，到处都是战争遗孤和流浪儿童。为了解决这些

① 后更名为“滝乃川学院”。

② 1900 年，日本通过《感化法》，要求都道府县设立感化院，收容扰乱社会治安的流浪儿童。

③ 后更名为“二叶托儿所”。

问题，日本政府出台了一系列应急性的儿童保护措施。但是，被收容的儿童大多遭受的却是非人道的收容和救济，毫无人权可言。直至 1948 年《儿童福祉法》颁布，战后的惨状才得以改善。《儿童福祉法》是日本战后第一部以“福祉”二字命名的法律，此法完全打破了战前的儿童救济思想，而是基于日本宪法中规定的公民权利和国家责任，建立起了一个以儿童权利为核心的社会抚养制度。同时，儿童抚养体系和家庭寄养制度正式确立，儿童福利机构被整合为助产机构、乳儿院、母子寮①、托儿所、儿童厚生机构、养护机构②、精神薄弱儿童机构、疗育机构③和教护院④等九个种类，并在此后根据《儿童福祉法》的修订而不断被整合、更新和扩充。因此，对于日本来说《儿童福祉法》是具有划时代意义的法案。

进入 20 世纪 50 年代后，日本迎来了经济的高度增长期，儿童社会抚养的资源也得到巨大的扩充。至 1973 年，儿童福利机构的硬件建设目标均已达成。不过，社会的发展也带来了新的需求，由于女性劳动者的增多，托儿所不足问题逐渐开始显露。加之核心家庭和离婚率上升，家庭功能逐渐弱化，从而使得对养护型机构⑤的需求也开始增加。此外，儿童养护从业者的劳动待遇和专业性难题也开始出现。到了 20 世纪 80 年代，过度保护及干涉儿童、父母离异儿童的入园需求、机构出逃等问题频发。20 世纪 90 年代，少子化问题及虐童问题凸显，儿童的自立援助和维权需求增多，社会抚养和儿童福利机构开始面临新的挑战。

1997 年《儿童福祉法》大幅修订，更新了儿童福利机构的名称和目的，并将儿童的自立援助写进了法律，明确了儿童维权的重要性。同时，扩充了地区的咨询和援助体制，新建了儿童家庭支援中心，并强化了儿童咨询所的地区紧贴性援助功能。2002 年《儿童福祉法》再次修订，将寄养家庭划分为养育寄养家庭、专业寄养家庭、领养寄养家庭和亲属寄养家庭四种基本类型。2008 年援助寄养家庭责任被写入法律，对养育寄养家庭的培训成为义务，寄养家庭的补贴额度翻

① 现母子生活支援机构。
② 现儿童抚养机构。
③ 现残障儿童抚养机构。
④ 现儿童自立支援机构。
⑤ 主要包括乳儿院、儿童抚养机构和母子生活支援机构。

倍，新型的社会抚养模式“小规模居住型儿童养育事业”出现。

1994 年，日本正式加入联合国《儿童权利公约》，并于 1998 年和 2004 年两次接受了联合国的意见。2009 年，联合国决议通过《关于替代性儿童照料的导则》（Guidelines for the Alternative Care of Children），其目的在于进一步执行《儿童权利公约》和其他有关保护失亲儿童的国际规定。于是，日本将《关于替代性儿童照料的导则》设定为社会养护的指导思想，并于 2010 年第三次接受了联合国儿童权利委员会的结论性意见，于 2011 年 1 月设立了社会抚养课题研讨委员会。同年 7 月日本政府公布了《社会抚养的课题和未来规划》，提出十年内实现小规模居住型儿童养育事业、地区型小规模儿童养护事业和儿童福利机构的比例达到各三分之一的目标。此外，2011 年厚生劳动省公布了《委托寄养家庭方针》，并规定了儿童咨询所应将委托寄养作为社会抚养的首选措施。

2016 年《儿童福祉法》又一次进行了修订，提出了“创造等同家庭的养育环境”的新方针（如图 3-1 所示），重新明确了国家及地方公共团体的义务。具

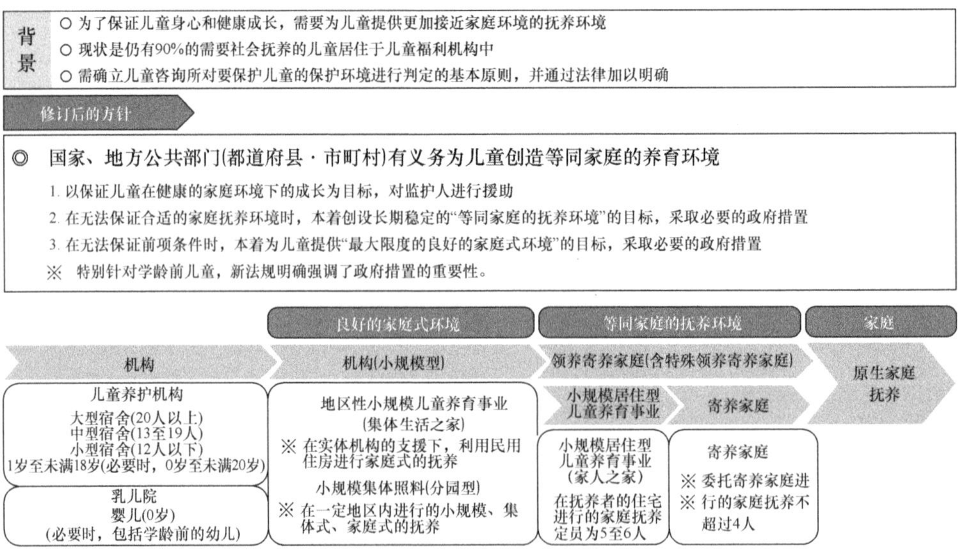

图 3-1　创造等同家庭的养育环境

资料来源：厚生労働省．社会的養育の推進に向けて[EB/OL]．[2019-10-10]．https://www.mhlw.go.jp/content/000503210.pdf.

体来说，《儿童福祉法》第三条第二项规定，为了使儿童在家庭内身心都能得到健康的抚养，国家和地方公共团体必须支援儿童的监护人。但是，考虑儿童及其监护人的身心状况，及其所处的环境和其他情况，在家庭抚养困难或不合适的情况下，或当前的安置不恰当时，为了使儿童能得到等同家庭的持续性的抚养，必须采取必要的措施，使儿童能在尽可能良好的家庭式的环境中成长。

2017 年 8 月，日本公布了《新社会抚养构想》，其中特别提出了学龄前儿童家庭式抚养落实原则，力争全面提高全年龄儿童在寄养家庭中的比例。计划在五年内使 3 岁以下儿童、七年内使学龄前儿童的寄养家庭委托率达到 75%以上，十年内使就学后儿童的寄养家庭委托率达到 50%。《新社会抚养构想》重新定义了日本社会抚养的目标，指出了未来发展的方向。

第二节　社会抚养的服务体系与内容

一、社会抚养的行政机关与服务体系

依照日本的法律，专门负责社会抚养的行政机关是儿童咨询所和福利事务所，主要负责有关儿童社会抚养问题的咨询和通报，并进行答复和处理。此外，还需要解决例如育儿困难、家庭教养，以及父亲不参与育儿等更广泛的儿童抚养和家庭问题。除了上述行政机关以外，托儿所、保健所①、市町村保健中心、儿童馆、民生委员②或儿童委员③、主任儿童委员等机关和人员也需要参与到地区的育儿援助服务中，并要求相关责任者必须掌握育儿问题预防和咨询援助等相关知识，以便协助解决社会抚养的相关问题（如图 3-2 所示）。在社会抚养中，由于很多儿童自己无法主动求助，因此相关机关需要在把握儿童需求的同时，采取

① 负责地区居民健康和公共卫生的行政机关。

② 由厚生劳动大臣指派，在各自负责的地区，站在居民的角度，倾听民声，实施必要的援助，努力推进社会福利的责任者，常兼任儿童委员。

③ 以所在地区儿童的健康成长和安全生活为目的，在守护儿童的同时，受理育儿和生育问题的咨询，并实施援助的责任者。其中，负责专业性儿童工作的儿童委员是主任儿童委员。

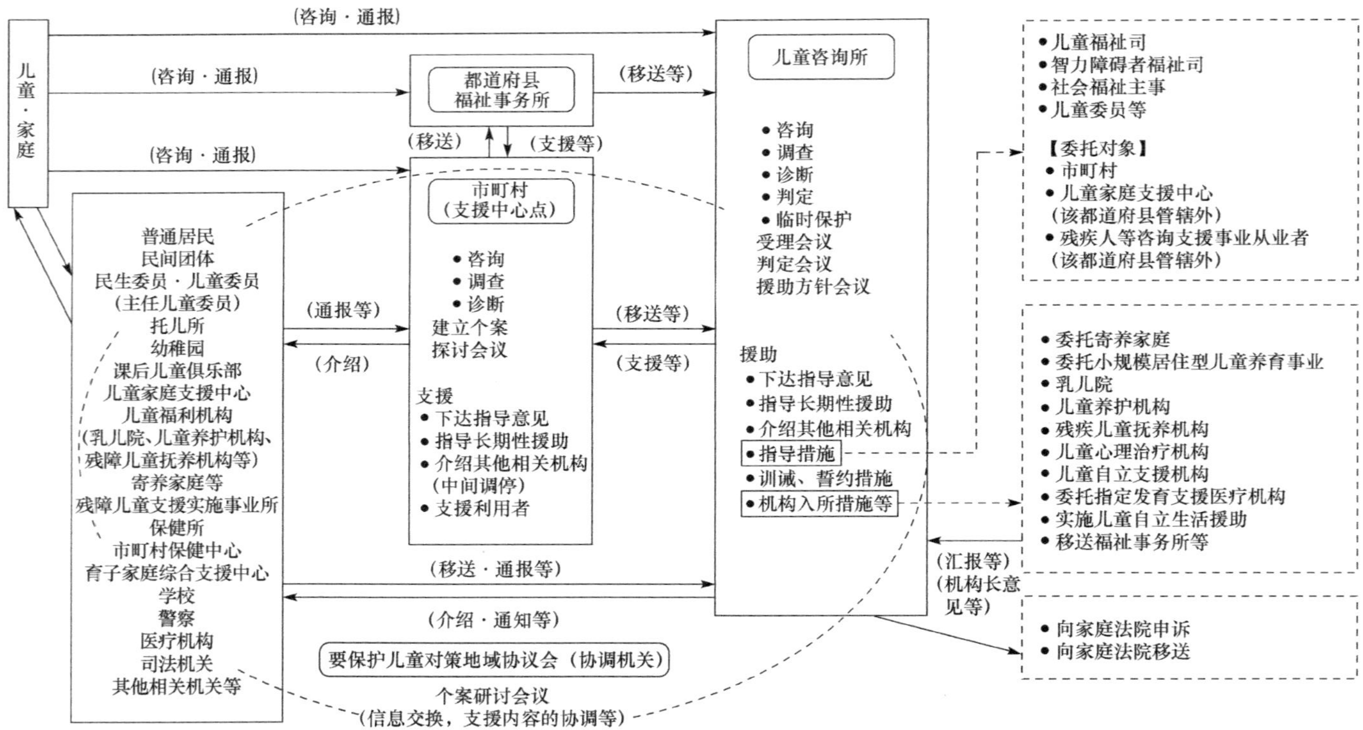

图3-2　社会抚养的咨询与援助服务体系

资料来源：厚生労働省. 市町村・児童相談所における相談援助活動系統図［EB/OL］.（2005-02-14）［2019-10-10］. https://www.mhlw. go. jp/bunya/kodomo/dv. soudanjo. sisin. betten. html.

必要的介入式援助。并且当原生家庭及亲属无法或难以提供抚养时，相关机关需要委托寄养家庭，或通过如儿童抚养机构等入所型机构实施社会抚养。2004 年《儿童福祉法》修订后，各市町村开始设立咨询、应对、虐待通报受理的专门窗口，从此以儿童咨询所、福利事务所和市町村为核心的咨询援助体系正式形成。

1. 儿童咨询所

儿童咨询所一直以来都是虐童咨询的第一责任受理机关，设置于各都道府县、政令指定都市①和儿童咨询所设置市。② 儿童咨询所设立的根本目的是为了实现儿童的幸福，全力拥护儿童的权利。基于《儿童咨询所运营指导方针》，儿童咨询所需要与市町村通力合作，一起承担责任。儿童咨询所的主要工作包括应对有关儿童或家庭的咨询，准确把握儿童的相关问题、需求以及所处的生活状况和环境，并对儿童和家庭实施个别性的最有效援助（如图 3-3 所示）。此外，作为第一责任机关，儿童咨询所需要提供高度专业性的指导、临时性保护、指导措施和对市町村的支援等。目前日本共有儿童咨询所 212 所，临时性保护所 136 所。

随着虐童的个案越来越复杂，2016 年《儿童福祉法》和《儿童虐待防治法》再次修订，强化了儿童咨询所的权限。具体包括：第一，允许儿童咨询所将儿童咨询和育儿援助的个案移送市町村；第二，明确了市町村对儿童及监护人的援助义务，允许市町村在儿童咨询所指导下接受委托；第三，即使没有再次传唤的要求，也允许儿童咨询所在有法院的许可下进行临检和调查；第四，医疗机构和学校有义务向儿童咨询所提供受虐儿童的相关资料等。

2. 福利事务所

除了儿童咨询所之外，福利事务所也是虐童咨询的受理机关。根据《社会福利法》第十四条规定，福利事务所设置于各都道府县，一般隶属于儿童科或保育科，内部多设有家庭儿童咨询室，主要负责儿童和家庭福利的咨询工作。此外，

---

① 根据《地方自治法》第二百五十二条之十九的第一项规定，日本的政令指定都市有大阪市、名古屋市、京都市、横滨市、神户市、北九州市、札幌市、川崎市、福冈市、广岛市、仙台市、千叶市、琦玉市、静冈市、堺市、新泻市、滨松市、冈山市、相模原市、熊本市。

② 根据《儿童福祉法》第五十九条之四的第一项规定，人口超过 20 万的中核城市为儿童咨询所设置市。

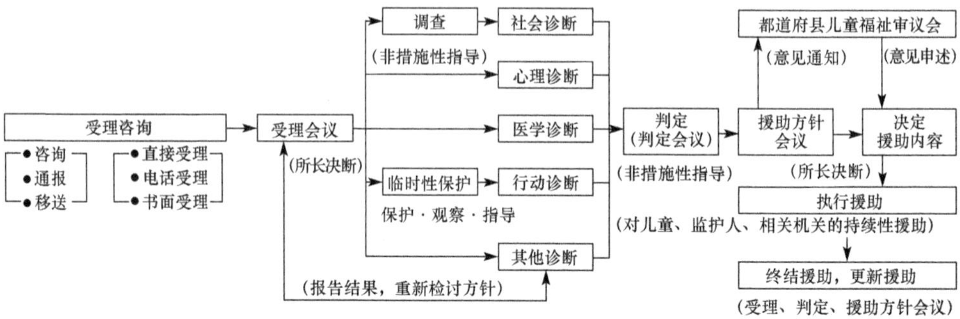

图 3-3　儿童咨询所的咨询与援助服务流程

资料来源：厚生労働省．児童相談所における相談援助活動の体系・展開［EB/OL］.［2019-10-10］. https：//www. mhlw. go. jp/bunya/kodomo/dv-soudanjo-kai-zuhyou. html.

福利事务所还负责助产机构、母子生活支援机构的相关工作，以及母子或父子单亲家庭的福利贷款、寡妇的福利贷款、肢体残障儿童辅助器具的交付及修理申请等。

3. 市町村

在市町村方面，根据《儿童福祉法》第十条第一项规定，针对儿童和孕妇产妇的相关福利问题，市町村需要努力掌握实际情况，提供必要的信息，受理来自家庭或其他方面的咨询，实施调查，并进行相应的指导及相关工作，为家庭或其他方面提供必要的援助。同时，第二项规定，为了保证工作所需知识和技术的专业性，市町村必须接受儿童咨询所的技术援助和指导。第三项规定，当需要医学、心理学、教育学、社会学和精神保健方面的判定时，市町村需要接受儿童咨询所的判定。第四项规定，为了切实可行地落实工作，市町村需要进行必要的体制构建，落实人才合理分配，提升服务品质等。2016 年《儿童福祉法》修订后，市町村正式成为儿童及孕妇产妇福利的支援中心点。

同时，根据《儿童福祉法》，市町村也是虐童咨询的受理窗口。在市町村政府内设有专门进行儿童家庭咨询援助的儿童家庭福祉主管科，在福利事务所内设有家庭儿童咨询室。根据厚生劳动省《市町村儿童家庭支援指导方针》，市町村需对儿童家庭咨询援助的基本情况、具体作用、资讯类别及注意事项、机构合作等进行逐一规定，并根据各市町村的具体情况出台具体的咨询受理专业准则。

4. 要保护儿童对策地域协议会

除了上述行政机关之外，外部还设有要保护儿童对策地域协议会。要保护儿童对策地域协议会前身是儿童援助保护网络和防止虐待儿童联络会议，主要任务是联络虐童受理机关，并促进各机关间的合作。根据厚生劳动省和儿童家庭局的要保护儿童对策地域协议会设置和运营指导方针，以实现对受虐儿童等的尽早发现和合理保护为目的，要保护儿童对策地域协议会需要积极与各相关部门共享信息，加强合作，主动应对。作为社会抚养体系中的协调机关，要保护儿童对策地域协议会内部设有个案研讨会议，这也是相关机关探讨具体支援对策的主要场地。

根据《儿童福祉法》的规定，社会抚养的财政支出由国家、都道府县、市町村负担。具体来说，寄养家庭的委托费用和儿童福利机构的入所费用由国家和都道府县各负担一半。母子生活支援机构及助产机构的费用，都道府县所管辖的机构，由国家和都道府县各负担 50%；市町村及福利事务所管辖的机构，由国家负担 50%，都道府县、市町村各负担 25%。儿童及育儿援助方面的机构型给付和地区型保育给付的费用，除公立公营机构的费用全额由市町村负担外，其余的由国家负担 50%，都道府县、市町村各负担 25%。地区儿童及育儿援助事业的费用，由国家、都道府县、市町村各负担 1/3。社会抚养的财政来源主要是国库支出和地方支出，相对来讲，每年的国库支出是一定的，而地方支出虽然通过税收政策调整能够维持着相对稳定的水准，但是由于大部分都委托地方进行裁量，因而地方分权的趋势越来越明显。

二、社会抚养的服务内容

社会抚养服务可以分为入所安置、所内照护、退所支援和后续支援四个部分（如图 3-4 所示）。对需要保护的儿童，首先要把握儿童及家庭的情况，制定支援服务的目标并接管儿童，为其提供安心安全、温暖的容身之所。当儿童进入寄养家庭或儿童福利机构后，要为儿童提供安全稳定持久的照料和保护。当儿童独立或回归原生家庭前，要对其提供离开前的支援，并在此后提供后续性的支援。

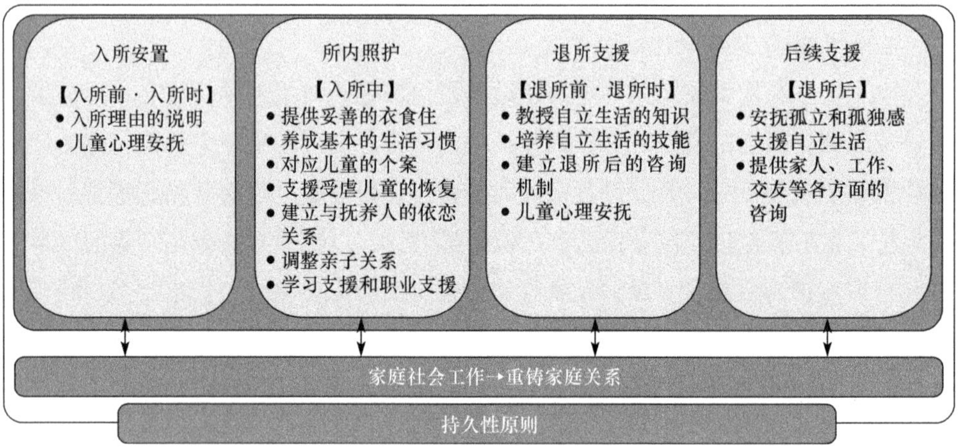

图 3-4　社会抚养的服务内容

资料来源：作者整理自石田賀奈子．施設養護，家族的養護［M］//伊藤嘉余子，福田公教．社会的養護．京都：ミネルヴァ書房，2018：52-67.

儿童自立意识的培养，不仅要在退所支援和后续支援中进行，而且还需要贯穿入所援助的整个过程。特别是对于那些无法回归原生家庭的孩子，为了保证其能在今后的社会中独立生活，培养儿童的生活能力和职业适应性是十分重要的。甚至包括儿童的休闲娱乐等部分，也都需要在社会抚养的过程中合理地传授给孩子们。并且，除了依赖专业人员的经验和直觉外，要针对每一名儿童建立专属的“自立援助计划”，并依此进行有计划的抚养。在制订计划的时候，专业人员不仅要把握儿童当前的需求和问题，同时也需要根据儿童未来的可能性、变化、需求及问题找到支援的方向性。

此外，持久性对社会抚养来说也尤为重要，因此，合理的措置变更是必要的。措置变更是指从乳儿院到儿童福利机构，或从儿童福利机构到寄养家庭时，以儿童咨询所的判断为依据，在社会抚养的体系内，对儿童生活场所进行合理的机构间调整。不过，在措置变更的过程中，儿童很容易因为生活环境和抚养者的变化而产生较大的精神负担。由于儿童与抚养者建立起相对持久的抚养关系并不容易，而这种在儿童看来应该是持久性的关系发生转变后，便会对他们本就脆弱的内心造成再次“被抛弃”的伤害。因此，退所支援或措置变更并不是支援的终点，让儿童能够在生活中时时刻刻地察觉到大人的陪伴，即建立起一个能被儿童察觉的、各机构和人员间关联性较强的联动机制是十分关键的。

为了保证持久性，社会抚养不能只依赖相关责任人和寄养家庭父母，还需要儿童福利机构及儿童咨询所的积极且持久的参与及合作。从以往的案例来看，一些接受过社会抚养的儿童，即便能在家庭关系修复后回归原生家庭，但他们受到非人虐待的惨剧却没有根绝。所以，在入所和寄养家庭等保护措施结束后，根据《儿童福祉法》和《防止虐待儿童法》，相关机关有义务相互合作，并持续长期地对儿童的安全进行确认。同时，在育儿援助方面，相关机关需要对家庭进行长期性的建议和指导，并通过短期入所①或儿童夜间照护②等方式支援家庭，使其能以健康的家庭形式融入地区社会。

第三节　家庭式抚养

家庭式抚养是指儿童在其原生家庭难以得到合理的抚养时，由抚养者将儿童接进家庭代为抚养的一种社会抚养形式，主要分为寄养家庭和小规模居住型儿童养育事业两种。其中，根据《儿童福祉法》第六条第四项，寄养家庭又分为养育寄养家庭、专业寄养家庭、领养寄养家庭和亲属寄养家庭四个类型（见表3-1）。家庭式抚养的目标是，依据《儿童宪章》《儿童权利公约》和《儿童福祉法》，以尊重儿童的基本人权为本，为儿童提供安全且长期的保护和照顾，从而实现儿童的最大权益。本着为儿童创造等同家庭的养育环境的基本理念，家庭式抚养是现在日本社会抚养的最优先选择。

---

①　当监护人因疾病或其他情况造成临时性的家庭抚养困难时，或单亲母子家庭需要临时性保护时，由儿童抚养机构进行的一定时间（原则上 7 天）内的照护。

②　当监护人因工作原因长期性晚归、夜班、休息日出勤而使儿童很难在家生活和处理家务时，由儿童抚养机构进行的儿童生活照看和饮食提供。

表 3-1　寄养家庭的类型与条件

类型	养育寄养家庭	专业寄养家庭	领养寄养家庭	亲属寄养家庭
对象儿童	要保护儿童（无抚养者或抚养者监护不得当的儿童）	要保护儿童需要有都道府县知事关于特定支援的认定 1. 因遭受《儿童虐待防止法》第二条规定的儿童虐待，并对身心健康造成影响的儿童 2. 有不良行为的儿童 3. 有肢体残疾、智力残疾或精神障碍的儿童	要保护儿童（无抚养者或抚养者监护不得当的儿童）	符合以下条件的要保护儿童 1. 与亲属寄养家庭的抚养者有亲属关系 2. 因父母死亡、失踪、监禁或住院等原因而无法受到抚养的儿童
条件与资格	1 能充分理解要寄养儿童抚养的意义，对儿童抚养充满热情，对儿童充满爱心 2. 无经济困难，且完成寄养家庭研修 ◎ 不符合寄养家庭的条件者 ※ 已担当成年后见人或辅佐人（类似于针对残疾或高龄等对象的法定代理人） ※ 被判处监禁或以上刑罚者，无论刑期是否结束 ※ 根据《儿童福祉法》，曾从事儿童买春、儿童色情行业或曾违反儿童保护等相关法律法规并被处罚者，无论处罚是否结束 ※ 违反《儿童虐待的防止法》第二条，对儿童实施虐待及被判处儿童虐待者，或有违反其他相关儿童福利法律法规的严重行为者	1. 在养育寄养家庭的条件上，附加以下条件 1）有 3 年以上抚养寄养儿童经验 2）有 3 年以上儿童福利机构从业经验，并通过都道府县知事认定 3）由都道府县知事认定的具有 2）同等以上能力者 2. 完成专业寄养家庭研修 3. 能够专心投入寄养儿童抚养	1. 完成都道府县知事研修的，愿意通过领养方式收养要保护儿童，并同意登记领养寄养家庭名录 2. 符合养育寄养家庭条件	在养育寄养家庭的条件上，附加以下条件 1. 与要保护儿童的抚养义务者或配偶有亲属关系 2. 愿意抚养要保护儿童（上述对象 2）

续表

类型	养育寄养家庭	专业寄养家庭	领养寄养家庭	亲属寄养家庭
研修义务	有义务（养育寄养家庭研修）	有义务（专业寄养家庭研修）	有义务（都道府县知事研修）	无
登录有效期	5 年 （每 5 年进行一次更新研修）	2 年 （每 2 年进行一次更新研修）	无	至该委托儿童抚养解除时
寄养儿童数	※ 委托儿童最多 4 人 ※ 包括委托儿童在内，同时抚养的儿童（包括亲生子女）不超过 6 人	※ 委托儿童最多 4 人（专业寄养家庭最多 2 人） ※ 包括委托儿童在内，同时抚养的儿童（包括亲生子女）不超过 6 人	※ 委托儿童最多 4 人 ※ 包括委托儿童在内，同时抚养的儿童（包括亲生子女）不超过 6 人	※ 委托儿童最多 4 人 ※ 包括委托儿童在内，同时抚养的儿童（包括亲生子女）不超过 6 人

资料来源：厚生労働省．里親制度（資料集）［EB/OL］．［2019-10-10］．https：//www. mhlw. go. jp/content/11900000/000358499. pdf.

一、寄养家庭

截至 2018 年，日本的寄养家庭登记总数为 14 635 户，其中养育寄养家庭 9 592 户，专业寄养家庭 702 户，领养寄养家庭 3 781 户，亲属寄养家庭 560 户。已接受委托家庭养护总数为 4 364 户，共寄养儿童 5 424 人，其中养育寄养家庭 3 326 户，寄养儿童 4 134 人；专业寄养家庭 196 户，寄养儿童 221 人；领养寄养家庭 299 户，寄养儿童 299 人；亲属寄养家庭 543 户，寄养儿童 770 人。小规模居住型儿童养育事业总数为 347 所，共寄养儿童 1 434 人。

所有的寄养家庭在安置寄养儿童前，都需要参加培训，接受寄养资格认证（如图 3-5 所示）。认证内容包括对抚养者和寄养儿童的匹配判定，以及抚养者的家庭经济情况等。一般寄养家庭的委托期是 5 年，专业寄养家庭的委托期是 2 年，期满后需要进行更新。2017 年寄养家庭全国实态报告书指出，日本共有 59.3%的寄养家庭父母没有亲生子女，并且在寄养之前，没有育儿经验的寄养家庭占大多数。因此，为了解决寄养家庭的父母可能遇到的难题，在儿童抚养机构和乳儿院中都设有寄养家庭专业咨询员，他们与儿童咨询所的寄养家庭专员一

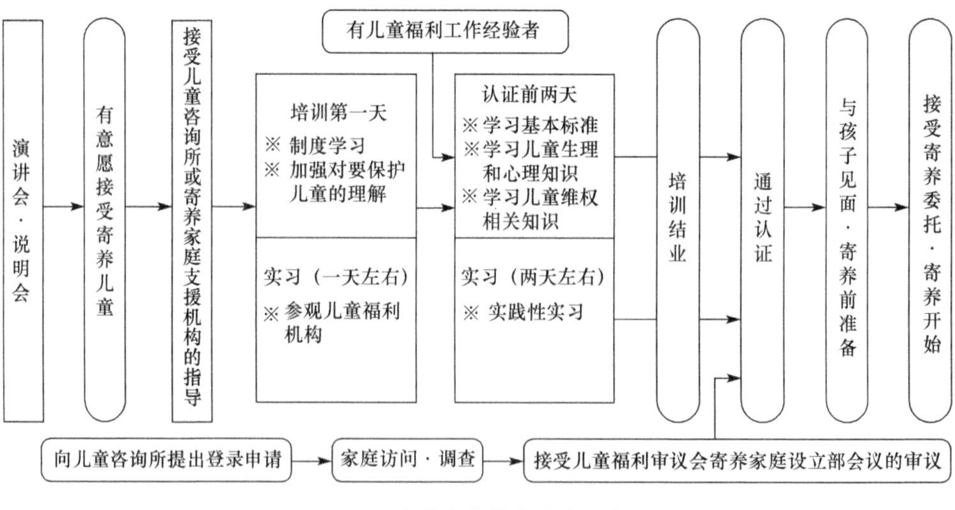

图 3-5　寄养家庭的申请认证流程

资料来源：厚生労働省．社会的養護の現状について（参考資料）［EB/OL］.［2019-10-10］https：//www.mhlw.go.jp/bunya/kodomo/syakaiteki_yougo/dl/yougo_genjou_01.pdf.

起，为寄养家庭提供多方面援助。同时，为了防止寄养家庭被社会孤立，各地区还设有寄养家庭协会、儿童家庭支援中心和NPO（非营利性公益团体）等多种组织，以支援寄养家庭的抚养。

二、小规模居住型儿童养育事业

小规模居住型儿童养育事业是将多名寄养儿童一并接至抚养者的住宅内进行的家庭生活式的抚养。被寄养儿童一般为5~6人，所有孩子共同生活，相互帮助，一起成长。这种抚养方式不仅尊重了儿童成长的自主性，也使儿童在养成基本生活习惯的同时，建立健康且丰富的个性与社会性。根据《儿童福祉法》第六条第三项第八款规定，小规模居住型儿童养育事业实施的主体主要是都道府县、政令指定都市和儿童咨询所设置市。小规模居住型儿童养育事业需要得到都道府县知事的认证，主要运营者一般被视为抚养者。抚养者的基本配置为3人，即“2名抚养者（夫妻）加1名协助者”或者“1名抚养者加2名协助者”。抚养者须有3年以上且2人以上的寄养家庭儿童抚养经验，或3年以上的乳儿院或儿童抚养机构从业经历。除了上述“自营型”的小规模居住型儿童养育事业外，也允许儿童福利机构经营“法人型”的小规模居住型儿童养育事业。

无论是寄养家庭还是小规模居住型儿童养育事业，家庭式抚养的最大优势就是能为孩子提供一个和寄养家庭父母一起生活的家庭式的成长环境。并且，孩子与寄养家庭父母的关系也会在日后的生活中一直保持下去。这也与《儿童福祉法》中的儿童福利精神是一致的。但是，从日本目前的情况来看，家庭式抚养的比例一直不高。究其原因，可以总结为以下几点：第一，日本的寄养家庭绝对数较低，无法为家庭式抚养提供充足的资源保障；第二，由于家庭式抚养比较辛苦，不仅要照顾孩子们的起居，还要关注他们微妙的心理变化，并且也需要花费一定的成本，因而，大多数人对寄养家庭存有先入为主的偏见；第三，孩子的亲生父母会对寄养家庭有抵触情绪，会把家庭式抚养误认为是领养，因此经常会产生各种纠纷；第四，孩子与寄养家庭父母之间关系密切，一旦二者关系出现问题，便会再次给孩子带来巨大的心理创伤。所以，为了避免上述情况，儿童咨询所在匹配孩子和寄养家庭时会十分谨慎，使得风险较小的机构式抚养成为更多的选择。不过，随着2016年《儿童福祉法》的修订，日本政府已明确指出要为儿童创造等同家庭的养育环境，同时也将寄养家庭制度的宣传和推广工作正式确定为儿童咨询所的业务范围，并且强化了与寄养家庭相关的咨询和支援内容。从这一点来看，日本政府已正式将家庭式抚养列为社会抚养的首位，并努力推进。

第四节　儿童福利机构与机构式抚养

日本的机构式抚养理念遵循了日本宪法、《儿童福祉法》和《儿童权利公约》。日本宪法第十三条规定，全体国民都作为个人而受到尊重，对于谋求生存、自由以及幸福的国民权利，只要不违反公共福利，在立法及其他国政上都必须受到最大的尊重；第二十五条规定，全体国民都享有健康和文化的最低限度的生活权利。《儿童福祉法》第二条规定，国家及地方公共团体有与儿童监护人共同养育儿童身心健康成长的责任。《儿童权利公约》第三条规定，有关儿童的一切行为，无论是社会福利机构，还是法院、行政当局或立法机构，均应以儿童的最大利益为首要考虑。日本采纳国际标准，原则上将未满18周岁的全体儿童及其家庭定为儿童福利机构的对象。遵照《儿童福祉法》和厚生劳动省儿童福利机构运营基本标准，儿童福利机构由国家、都道府县、市町村及持有都道府县知事认定的社会福利法人开设运营。

一、儿童福利机构的类型与功能

《儿童福祉法》第七条规定，儿童福利机构包括助产机构、乳儿院、母子生活支援机构、托儿所、幼保合作型认定幼儿园、儿童厚生机构、儿童抚养机构、残障儿童抚养机构、儿童发育支援中心、儿童心理治疗机构、儿童自立支援机构以及儿童家庭支援中心。

首先，根据机构的对象和支援目的不同，儿童福利机构可以分为以全体儿童为对象的机构（托儿所、儿童厚生机构、儿童家庭支援中心）、支援存在家庭抚养困难的儿童的机构（乳儿院、儿童抚养机构）、支援存在身体或智力残障的儿童的机构（残障儿童抚养机构、儿童发育支援中心）、支援存在情绪与行动问题的儿童的机构（儿童心理治疗机构、儿童自立支援机构），以及支援存在生活困难的产妇以及婴儿母子家庭的机构（助产机构、母子生活支援机构）等。

其次，根据服务方式不同，儿童福利机构可以分为入所型机构、通所型机构、居家型咨询服务机构。入所型机构是指儿童脱离原生家庭，入住机构，并在其中进行全天候的保护、训练和自立指导的生活型机构，主要包括乳儿院、儿童抚养机构、残障儿童抚养机构、儿童心理治疗机构、儿童自立支援机构以及母子同时入所的母子生活支援机构。通所型机构是指使儿童在家庭生活下进行保育、幼儿教育、训练和指导的利用型机构，即每日仅在一定时间段内前往机构享用服务，主要包括托儿所、儿童厚生机构、儿童发育支援中心、儿童家庭支援中心。居家型咨询服务机构是指对育儿家庭提供专业性咨询、援助及临时性短期入所服务的机构，主要包括儿童发育支援中心、儿童家庭支援中心、残障儿童抚养机构及服务。

儿童福利机构需要针对儿童的不同需求，提供专业性的服务。儿童福利机构的功能可以分为补充功能、支援功能、再构筑功能、代替功能和治疗功能五个部分。补充功能是指通过制度和服务，为抚养能力不足的原生家庭提供相应的补充和强化，主要的服务机构包括托儿所、儿童厚生机构、短期入所服务等。支援功能是指对利用机构的儿童和家庭提供社会自立援助服务，主要的服务机构包括母子生活支援机构和助产机构等。再构筑功能是指对利用机构的儿童和家庭提供家庭援助、心理支援以及重铸家庭关系的自立援助，主要的服务机构包括乳儿院、儿童抚养机构、地区型小规模儿童养育事业等。代替功能是指对失亲或长期无法回归家庭的儿童提供抚养，主要的服务机构包括乳儿院和儿童抚养机构。治疗功能是指对有非道德或反社会行为的儿童或残障儿童提供治疗，主要的服务机构包括儿童自立援助机构、儿童心理治疗机构、儿童发育支援中心等。

以下将依照《儿童福祉法》的法条顺序，简要介绍各类儿童福利机构。

1. 助产机构

依据《儿童福祉法》第三十六条，助产机构是指，对健康和医疗方面有需要的家庭，或因经济原因无法入院生育的产妇提供助产服务的机构。服务对象为尚未加入国民健康医疗保险者，或因低收入造成无法支付生育临时补贴超额部分的产妇。截至 2018 年 9 月，日本共有助产机构 387 所。

2. 乳儿院

依据《儿童福祉法》第三十七条，乳儿院是指，安置婴儿或因健康和医疗原因无法保证安定生活状态的幼儿，并为其提供养育，以及退所后咨询和援助的机构。也就是说，当出现家人患病、母亲生育次子、父母离异或虐待等家庭保育困难时，乳儿院将代替家人，收留、照顾和抚养婴幼儿。乳儿院的入所对象主要是 0 至 2 岁的婴儿，也包括体重过低、疾病、残障的 3 岁或 4 岁的幼儿。截至 2018 年 9 月，日本共有乳儿院 132 所，定员 3 774 人，入所儿童 2 851 人，入所饱和率①为 71.6%。

3. 母子生活支援机构

依据《儿童福祉法》第三十八条，母子生活支援机构是指，安置无配偶的女性或基本符合上述情况的女性及其所监护的儿童，并为其提供保护和生活自立的支援，以及退所后的咨询和其他援助的机构。其前身是“母子寮”，1997 年更名为母子生活支援机构。母子生活支援机构是帮助母子家庭实现生活自立的专业性机构，虽然属于儿童福利机构的范畴，却也同时与《寡妇福利法》《生活保护法》《防止配偶暴力及保护受害者法（防止家暴法）》等各项法律密切相关。近年来，遭受男性配偶家暴的女性及其子女越来越多，母子生活支援机构一直肩负着充当母亲和孩子们避风港的使命。截至 2018 年 9 月，日本共有母子生活支援机构 215 所，定员 4 509 人，入所儿童 8 100 人，入所饱和率为 179.6%。

4. 托儿所

依据《儿童福祉法》第三十九条，托儿所是指，在监护人的委托下，对有保育需求的婴儿和幼儿提供保育服务的机构。作为利用托儿所的必要条件，监护人一般需要有工作。随着日本的经济发展和社会变化，托儿所的数量一直都是增加的。近年来，由于少子化等因素，托儿所的入所儿童不断减少，但是，因为双

① 入所饱和率 = 入所儿童 ÷ 定员 × 100%

职工家庭增多，造成低龄儿童的入所需求日趋上升，因此，中心城市的儿童入所排队现象已经变得十分严重。截至 2017 年年末，日本的入所排队儿童已经达到了 23 167 人。另外，由于家庭功能的衰退，育儿也不得不从家庭更多地走向社会。也正因如此，托儿所的作用是不容小觑的。截至 2018 年 9 月，日本共有托儿所 21 688 个，定员 2 099 409 人，入所儿童 2 014 307 人，入所饱和率为 95.9%。

5. 幼保合作型认定幼儿园

依据《儿童福祉法》第三十九条第二项，幼保合作型认定幼儿园是指，对年满 3 周岁的学龄前幼儿提供教育，对有保育需求的婴幼儿提供保育，对婴幼儿的健康成长提供合适的环境，并促进其身心健康发育的综合性机构。设立幼保合作型认定幼儿园的目的是为了缓解地区和家庭的育儿压力，重点是支援那些无法利用托儿所或幼儿园的家庭。依据法律，幼保合作型认定幼儿园须由都道府县的知事进行双向认证，其一，是具有提供学龄前儿童及幼儿的教育及保育的能力认证；其二，是具有对地区内的所有家庭，提供育儿问题咨询，亲子交流活动场地等的地区性育儿援助的能力认证。截至 2018 年 9 月，日本共有幼保合作型认定幼儿园 3 365 所，定员 341 314 人，入所儿童 331 292 人，入所饱和率为 97.1%；托儿所型认定幼儿园 566 所，定员 61 953 人，实际入所 51 905 人，在所率为 83.9%。

6. 儿童厚生机构

依据《儿童福祉法》第四十条，儿童厚生机构是指，为促进儿童的健康发展，陶冶儿童情操而设立的安全的游艺设施和机构，如儿童公园、儿童馆等。儿童公园是指，基于《都市公园法》的相关规定，以街区公园为补充的，对婴幼儿、小学低年级儿童提供的室外游戏场地。儿童馆则可分为由都道府县设立的大型儿童馆①和由市町村设立的小型儿童馆或儿童中心。小型儿童馆或儿童中心除

① 大型儿童馆分为 A 型、B 型和 C 型三种。A 型的建筑面积为 2 000 m^2 以上，主要负责都道府县的小型儿童馆和儿童中心的指导和联络调整。B 型的建筑面积为 1 500 m^2 以上，主要设立于风景秀丽的地区，负责为儿童提供住宿，并组织举办如亲近大自然等的健康成长活动，是主要住宿机构和野外活动机构。C 型在 A 型、B 型的功能基础上，针对儿童的多样性需求，组织举办如艺术、体育、科学等综合性活动，并提供剧场、画廊、室内游泳池、电脑室、住宿培训室、儿童乐园等活动设施。

了能够为儿童提供游戏与学习的场地以外，还是地区的母亲俱乐部或儿童活动的主要活动场地，同时也是儿童课外活动俱乐部和就学儿童保育等的课外儿童健康成长计划的实施机构。截至 2018 年 9 月，日本共有儿童厚生机构 4 637 所，其中公办机构 2 681 所，民办机构 1 956 所。

7. 儿童抚养机构

依据《儿童福祉法》第四十一条，儿童抚养机构是指，安置失亲儿童、受虐儿童以及其他家庭抚养困难的儿童，并对其提供养育及退所后的咨询和自立援助的机构。原则上入所对象不包括婴儿，但在无法保证安全的特定情况下，也可酌情安置婴儿。近年来，虐童事件屡见不鲜，需要保护的儿童数量逐年攀升。因此，即便考虑了日本各地的地域差异，因虐童原因入所的儿童比例仍然高达 40%~65%。此外，残障儿童的比例也非常高。2016 年《儿童福祉法》修订后，儿童抚养机构对儿童的临时性保护年龄上限从 18 岁提高至 20 岁。截至 2018 年 9 月，日本共有儿童抚养机构 588 所，定员 31 354 人，入所儿童 25 636 人，入所饱和率为 81.8%。

8. 残障儿童抚养机构

依据《儿童福祉法》第四十二条，残障儿童抚养机构可分为福利型和医疗型两种。福利型残障儿童抚养机构是指，安置和保护有残障的儿童（主要是智力障碍的儿童），并提供日常生活指导，以及教授其独立生活所需的知识和技能的机构。医疗型残障儿童抚养机构是指，安置和保护有严重智力障碍的儿童，或有多种严重肢体残障的儿童，并提供治疗和日常生活指导，以及教授其独立生活所需的知识和技能的机构。以前的残障儿童福利机构是根据残疾的类型进行划分的，包括智力残障儿童机构、自闭症儿童机构、盲聋哑儿童机构、肢体残障儿童机构、严重肢体智力残障儿童机构等。2012 年《残疾人综合援助法》修订后，残障儿童抚养机构被划分为福祉型和医疗型两类。近年来，残障儿童抚养机构数和入所儿童数虽有所减少，但是机构式抚养仍然是残障儿童社会抚养的最主要形式。截至 2018 年 9 月，日本共有福利型残障儿童抚养机构 240 所，定员 8 812 人，入所儿童 6 774 人，入所饱和率为 79.6%；医疗型残障儿童抚养机构 176 所，定员 17 048 人，入所儿童 7 432 人，入所饱和率为 43.6%。

9. 儿童发育支援中心

依据《儿童福祉法》第四十三条，儿童发育支援中心是指，在监护人的养护下，对残障儿童提供日常生活指导，教授其独立生活所需的知识和技能，以及训练其适应集体生活的机构。儿童发育支援中心属于通所型机构，可以分为福利型和医疗型两种。《儿童福祉法》第六条第二项规定，残障儿童通所支援服务主要包括儿童发育支援、医疗儿童发育支援、课外日间照料、家庭访问支援和托儿所访问支援。为此，儿童发育支援中心作为上述支援服务的提供主体，除了提供法律所规定的日常生活指导、教授知识和集体生活技能训练以外，医疗型儿童发育支援中心还需要对上肢、下肢或躯干等肢体残障的儿童提供相应的发育支援和治疗。另外，儿童发育支援中心还需要通过课外服务等形式，对有需要的儿童提供必要的生活能力训练，以及帮助儿童与社会建立交流。儿童发育支援中心的前身是残障儿童通所机构，包括智力残障儿童通所机构、肢体残障儿童通所机构、听力残障幼儿通所机构等。当时的残障儿童通所机构，与儿童日间照料服务①和短期入所服务一起，构成了日本残障儿童的治疗保育基本体系。2012 年《儿童福祉法》和《残疾人综合援助法》修订后，儿童发育支援中心也同残障儿童抚养机构一样，重新整合成了福利型和医疗型两类。截至 2018 年 9 月，日本共有福利型儿童发育支援中心 489 所，定员 15 509 人，通所儿童 27 460 人，通所饱和率为 177.1%；医疗型儿童发育支援中心 92 所，定员 3 027 人，通所儿童 2 468 人，通所饱和率为 81.5%。

10. 儿童心理治疗机构

依据《儿童福祉法》第四十三条第二项，儿童心理治疗机构是指，临时性地接受因家庭环境或学校的人际关系等问题而难以适应社会生活的儿童，或在监护人养护下，对儿童提供与社会生活相关的心理治疗及生活指导，并提供退所后的咨询和自立援助的机构。换句话说，对那些有心理或精神问题的儿童，在医学治疗的基础上，为他们提供综合性的生活支援。儿童心理治疗机构会与学校进行合作，学校也会在一些机构内部开设分教室或分校。目前，在儿童心理治疗机构

① 主要指学龄前残障儿童通所服务，以及残障就学儿童保育服务。

所安置的儿童中，有被虐待经历的儿童约占75%，并且正在接受儿童精神医学诊疗或正在服用精神治疗药物的儿童超过了70%。截至2018年9月，日本共有儿童心理治疗机构43所，定员1 914人，入所儿童1 374人，入所饱和率为71.8%。

11. 儿童自立支援机构

依据《儿童福祉法》第四十四条，儿童自立支援机构是指，安置存在不良行为及可能存在不良行为的儿童、因家庭环境和其他原因需要生活指导的儿童，以及在监护人抚养下需要进行个别性指导的儿童，帮助他们自立，并提供退所后的咨询和其他支援的机构。其前身是教护院，1997年正式更名为儿童自立支援机构。儿童自立支援机构所安置的儿童，既有存在着非道德行为的儿童，也有因违反少年法或由家庭法院判定的需要接受保护处分的儿童。设立儿童自立支援机构的根本目的是帮助上述儿童回归家庭，并改善他们的家庭环境，同时也扩充了地区性支援和后续支援功能。儿童自立支援机构的形式可分为夫妇型小宿舍机构和交流型小宿舍机构，强调在家庭式的环境下一贯性且长期性地提供援助。截至2018年9月，日本共有儿童自立支援机构57所，定员3 649人，入所儿童1 264人，入所饱和率为34.6%。

12. 儿童家庭支援中心

依据《儿童福祉法》第四十四条第二项，儿童家庭支援中心是指，针对地区性的儿童福利问题，为儿童家庭提供咨询、专业性知识和技术建议，并且针对市町村的需求，提出技术建议、援助以及指导，同时负责联系儿童咨询所、儿童福利机构，以及配合厚生劳动省进行支援工作的机构。近年来，育儿难、虐童以及青少年犯罪的问题日益严重，因此，儿童家庭支援中心在促进地区和家庭健康育儿、家庭自立援助以及改善家庭生活等方面都发挥了重要作用。为了保证专业且高效的咨询服务提供，儿童家庭支援中心采用的是24小时365天的全时间对应机制，并大多附属在乳儿院、儿童抚养机构、儿童心理治疗机构、儿童自立支援机构、母子生活支援机构等机构的内部。截至2018年9月，日本共有儿童家庭支援中心114所。

二、儿童福利机构的服务内容

儿童福利机构的服务主要包括心理关爱、生活照料、健康和卫生看护、日常生活习惯养成、自立援助等五个类型。心理关爱主要是帮助入所儿童适应新的生活状态，营造安心与安全的生活环境，并援助儿童回归生活正轨。生活照料涉及衣、食、住等诸多方面，主要包括帮助儿童养成基本的生活技能，并根据年龄和发育状况，帮助儿童提升生活自立水平。具体有穿脱衣、饮食、如厕，乳儿院的哺乳、营养与饮食指导，清扫及指导、室内外的美化，洗衣、缝纫、衣物整理，等等。健康和卫生看护主要包括健康观察和指导，就医、药品管理、服药，洗脸、刷牙的指导，洗澡的护理和指导，夜尿的处理，医院陪护、伤口的应急处理等等。日常生活习惯养成主要是帮助孩子养成良好的生活习惯，提高学习能力。具体包括个别支援、学习指导、休闲支援、金钱管理、教养养成，接洽儿童父母，接洽学校等等。自立援助主要包括为儿童重返家庭，或转移至其他机构，或为如独立生活、结婚等将来可能的人生阶段而做准备的各种支援。根据儿童的未来目标，机构需要设立儿童个案支援计划和儿童自立援助计划，并由机构内的儿童直接对应专员、咨询专员和机构长一起，通过对接、立案、实施、评价、确立新计划的方式落实完成。

另外，作为儿童生活的场所，儿童福利机构也需要在硬件上满足儿童居住与生活的需要（如图 3-6 所示）。儿童福利机构根据一个抚养单元①内的容纳人数，可以分为大宿舍、中宿舍和小宿舍三种。每个抚养单元收容超过 20 名儿童的为大宿舍，收容 13 至 19 名儿童的为中宿舍，收容 12 名以下儿童的为小宿舍。根据厚生劳动省的调查数据，截至 2012 年，被调查的 561 所儿童抚养机构中，设有大宿舍的占比 50. 4%，设有中宿舍的占比 27. 3%，设有小宿舍的占比 41. 2%，这与之前的调查数据相比可以得出大宿舍的比例是在不断减少的，而小规模的照护形态，如小规模集体照护和地区性小规模儿童养育事业等的比例却在增加。同时，除了上述抚养单元的小规模化以外，儿童福利机构的定员规模也有一定的小

① 抚养单元是指一个完整的可以满足儿童生活需求的空间单元，包括儿童起居室、厨房、厕所和浴室。

规模化趋势。

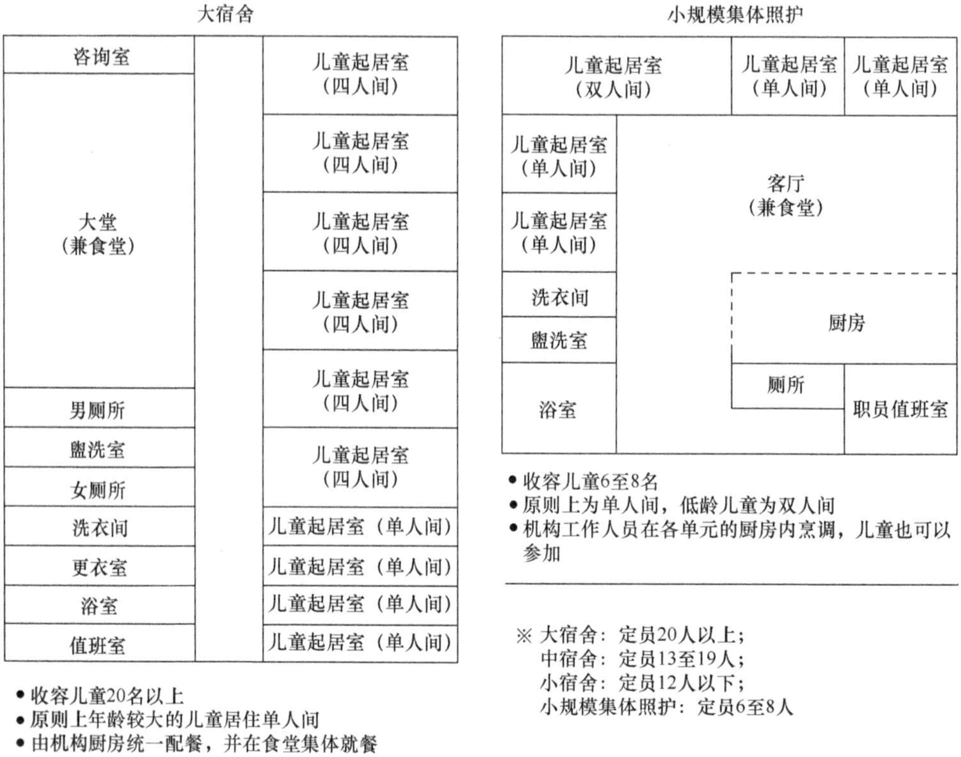

图 3-6　儿童抚养机构的硬件示例

资料来源：厚生労働省．社会的養護の現状について（参考資料）［EB/OL］.［2019-10-10］. https://www.mhlw.go.jp/bunya/kodomo/syakaiteki_yougo/dl/yougo_genjou_01.pdf.

三、儿童福利机构的服务人员标准

依据儿童福利机构的设备及运营标准，儿童福利机构内设有全职的直接对应专员岗位，其中包括儿童指导员、保育士、个案对应专员、护士、营养师、厨师等。根据机构的规模、儿童年龄、残障儿童情况，具体的人员配置会有更细致的标准。以上岗位实行 24 小时 365 天轮岗制，一般采用日班、早班、晚班、夜班的“月制排班”。同时，临时的兼职人员上岗须持有相应资格，排班也相对弹性。此外，有就学儿童的儿童抚养机构，一般采用在早晨和傍晚后集中对应的

“间歇制排班”。对上述的直接对应专员来说，因为每天都需要接触孩子，因此对工作和专业的热爱以及责任感是不可或缺的条件。但是，近些年由于夜班以及不稳定的工作时间等原因，人员短缺及年轻职员流失等问题已经变得十分严重。

各机构内除了直接对应专员岗位之外，还设有相应的全职专业职能岗位。具体包括主任儿童指导员、母子支援员（母子生活支援机构）、儿童自立支援专员、儿童自立生活支援员（儿童自立支援机构）、发育能力训练专员、儿童发育支援管理责任者（儿童发育支援中心）等。专业职能岗位主要负责制定儿童个案支援计划和自立援助计划，并与直接对应专员一起合作实施，是机构支援的核心性岗位。

同时，机构内还设有机构长，以及其他全职或兼职的专业岗位。具体包括负责儿童综合性医疗健康管理的内科或儿科特聘医师，负责治疗和发育支援的精神科、小儿精神科和骨科的专业医师（儿童心理治疗机构、医疗型残障儿童抚养机构、儿童发育支援中心），心理疗法专员，物理治疗师，作业治疗师，语言听觉师，职业支援专员（残障儿童抚养机构和儿童发育支援中心）等。并且，在乳儿院、儿童抚养机构、儿童自立支援机构、儿童心理治疗机构内还设有全职的家庭支援专业咨询员，负责帮助入所儿童回归家庭制定个案支援计划以及提供相关的咨询援助。另外，在儿童家庭支援中心还设有寄养家庭支援专业咨询员。上述两个岗位，不仅需要负责处理入所儿童的相关问题，同时也需要受理来自地区社会的咨询和支援，以及联合各关联机构建立支援网络，做好寄养家庭的后续支援工作等。

四、儿童福利机构的利用方式

儿童福利机构的利用可以参照行政措置制度、行政或机构签约制度和自立援助给付制度三种制度进申请。基于《儿童福祉法》第二条第三项，国家和地方具有与监护人一起抚养儿童，并使儿童的身体和心灵都能够健康成长发育的责任。即在儿童抚养方面，监护人是第一责任人，而当监护人无法充分履行抚养责任时，国家及地方作为第二责任人，有义务通过行政措置，给予儿童合理必要的抚养。行政措置的实施者，主要是都道府县的知事或政令指定都市的市长，实际的措置执行者则是儿童咨询所的所长。儿童咨询所所长需根据咨询的结果，在行政权限范围内为儿童分配机构，委托机构对儿童进行抚养，并支付措置委托费。监护人在咨询和措置分配后，需向行政机关支付规定费用。适用行政措置的机构有乳儿院、儿童抚养机构、儿童心理治疗机构和儿童自立支援机构。

行政或机构签约制度是指监护人根据自身状况选择机构，并向行政机关提交申请，待审核通过并与行政机关签约后，开始正式利用机构的制度。机构的利用费用会根据监护人的收入情况来决定，其余的部分会以委托费的形式，由行政机关向儿童福利机构支付。托儿所的申请在市町村进行，母子生活支援机构和助产机构的申请在福利事务所进行。

自立援助给付制度是指申请育儿援助费的制度。监护人首先去机构报名，在听取关于服务内容和条件的相关说明之后，向市町村提出申请，并且在必要的情况下，还需要有医生诊断及儿童咨询所的入所许可审核。待市町村审核通过后，监护人正式与机构签订合约，开始利用服务。自立援助给付制度可适用于《儿童福祉法》所规定的福利型和医疗型残障儿童抚养机构、福利型和医疗型儿童发育支援中心、残障儿童通所支援服务，以及《残疾人综合援助法》中规定的短期入所及日间照料服务、居家照护服务等。

第五节　日本社会抚养面临的课题与发展方向

对于儿童的成长和发育来说，有父母陪伴成长的家庭抚养，始终是最自然且最理想的抚养状态。不过，仅从 2017 年儿童咨询所的统计来看，日本的虐童咨询数已超过 13 万件，并且还有年年攀升、愈演愈烈之势。然而，在如此严峻的虐童问题面前，日本还只是停留在通过儿童咨询所以及儿童福利机构实施临时性保护的阶段，并且在这些被保护的儿童中，有近四成的儿童被转入儿童福利机构直至其成年。所以，现实中的日本社会抚养的补充功能还是比较明显的。

在儿童抚养机构和乳儿院内，残障儿童比例大约为 30%。因此，针对不同儿童的个别性支援是无法忽视的。此外，社会抚养中儿童背景的多样化，以及专业性支援的不可替代性，也使这些必须接受社会抚养的孩子难以适应和融入寄养家庭。因此，在很长的时间内，儿童福利机构的作用依旧十分重要，所占的比例也会相对稳定。这也是日本寄养家庭无法做到普及，也无法达到其他西方发达国家寄养家庭比例的重要原因。所以，如何实现机构小规模化，并且创建更加贴近家庭抚养环境的问题就凸显出来了。目前日本仍有40%的地区尚未开始正式投入机构小规模化建设，儿童福利机构的扩充和转型还仅仅处于起步阶段。

成年后离开儿童福利机构后的孩子也存在着较大的社会融入问题。大部分的入所儿童在高中毕业后会选择离开机构独立生活，但是他们所面临的前景往往是困难重重。一旦因为某些原因休职或离职，经济上的保障就会消失，极易陷入生活困境。虽然机构的后续支援和NPO团体也在援助这些孩子，但是制度性支援体系的不完善、信息的不对称以及支援的有效性等问题并不乐观。2016年《儿童福祉法》修订后，为了保证离开机构的孩子们能有公平的升学机会，政府设立了自立援助贷款制度，为他们提供生活、房租、资格考试方面的贷款。这一制度可以大大解决他们的实际生活问题，因此今后的制度扩充很值得期待。

日本的新社会养育构想已经将“创造等同家庭的养育环境”定为儿童社会抚养的核心目标，并提出构筑新型儿童家庭福利的口号。新社会养育构想也将以往的“社会养护”改为“社会养育”，可以理解为是在儿童抚养和保护的前提下重视儿童的成长和育成，即一方面大力推行家庭式抚养，另一方面维护儿童权益，将儿童视为未来的社会一员进行抚养。此外，新政也再次明确了国家和地方的义务，并强调制度要适应地区和家庭变化。

2019年，联合国儿童权利委员会公布了对日本的第四次和第五次合并定期报告意见，针对日本的家庭环境和代替性抚养提出了相关劝诫，具体包括：在人力、技术和财政方面加大对家庭的援助；修订关于父母离婚后亲子关系的法律，加强家庭纠纷的执法；批准有关抚养义务、责任和儿童措施方面政策等等。针对日本社会抚养，提出了要强化儿童保护司法审查，执行去机构化，建立寄养机构，废除不合标准机构的临时监护，确保对有虐童事件的寄养和机构的定期性外部审查，将财政资源从机构转向家庭式环境，修订《养父母安置准则》等建议。就上述意见来看，为了将新社会养育构想中的口号真正变为现实，日本还需要进行更大规模的服务创新。

综上所述，社会抚养作为日本儿童代替性抚养的重要制度，在儿童保育保护、防止虐童以及儿童成长援助方面发挥着十分重要的作用。日本在遵循《儿童权利公约》的前提下，始终以尊重儿童权利，实现儿童最大利益作为社会抚养的最核心价值。而且，儿童抚养的责任不仅是家庭的义务，同时也是国家、地区及全社会的共同责任。

随着时代的变迁，家庭和社会等因素使得日本儿童的需求不断扩大和多元化，社会抚养也一直适应着不同时代的需求而一步步地发展和创新。在发展的过程中我们不难看出，法律始终是保证儿童权利性、公平性、普惠性及责任分担的基础。同时，法律和制度的健全化也使得日本能够建立和运营一个较为系统的社会抚养体系。虽然要想达成能够适应社会发展的目标并非易事，但是工作不仅止于口号，切实可行的、详细的法治体系还是十分值得借鉴的。

此外，日本的社会抚养也是一个从家庭到社会的多主体联动的网状综合保障体系。从发现问题、介入和分析，再到安置、照护、支援和后续支援及评价，整个儿童权利保障的过程相对比较清晰。在这个过程中，有行政、机构、家庭和地区社会的多主体参与，并且各司其职，相互联动。同时，以市町村为中心的、地方儿童咨询所和福利事务所的多窗口式的儿童问题对应机制，也提高了虐童问题发现和通报的及时性和对应与处理的效率性。加之，社会抚养支出是由国家与地方共同负担，既保证了经费支持，又促进了地方的分权。

从服务形式上看，社会抚养主要是通过家庭式抚养和机构式抚养实现的，家庭式抚养优先的趋势也在逐步形成。家庭式抚养就是能使儿童在等同家庭的养育环境下健康成长，其主要的方式有寄养家庭和小规模居住型儿童养育事业，寄养家庭又可分为四种不同类型。不过，虽然寄养家庭有很多优势，但是相应的局限性也使得其尚不足以替代机构式抚养。根据《儿童福祉法》，机构式抚养依据对象和服务内容可以分为很多类型，不同的儿童福利机构都有各自的功能和服务内容。机构的服务包罗万象，基本兼顾了儿童心理、生活、健康、成长的大部分需求。同时，依据机构运营标准，机构内设置了直接对应专员岗位和专业职能岗位，并与医疗和康复、行政咨询和处理的相关岗位一起共同对应机构内外问题。

值得关注的是，无论是家庭式抚养还是机构式抚养，安定持久的政策保证是不可或缺的。同时，寄养家庭的专业培训，机构服务人员的专业性、服务的专业化、规章化和完整化都是值得肯定的。

如今的日本，虐童问题十分严重。作为解决虐童问题的主要方式，社会抚养的未来使命越来越艰巨。在现有的社会抚养体系的基础上，如何弥补制度缺陷，如何提高预防和对应虐童的效率，如何妥善地抚养儿童，如何解决多主体间的合作，如何对体制和机构进行监管等问题都值得深思。其实，这些问题的核心都是儿童权利的保障和维护。以创造等同家庭的养育环境为目标，日本已经作出了一个新的姿态，不过在面对复杂多样的儿童问题时，完善社会抚养的体制和服务之路依旧任重而道远。

（日本东洋大学 索 宏）

第四章　日本的育儿家庭支持政策

家庭是儿童福利权得以实现的重要场所。第二次世界大战后，日本家庭的儿童抚养功能弱化，儿童福利权的充分实现不再仅依靠家庭，而是由国家、地方、用人单位和社区共同支持，从而出台了涉及福利、教育、劳动等多个领域的综合性支持政策来补充家庭的育儿功能。本章分别梳理面向全体育儿家庭的普惠型家庭政策，以及面向单亲、抚养残障儿童等特定需求的支持政策。日本的育儿家庭支持政策体系化程度较高，保障形式包括经济保障、服务供给、时间保障等，还涉及密切联系地区育儿家庭的儿童家庭咨询中心等咨询、策划体系，旨在为育儿家庭化解抚养儿童过程中经济匮乏、照顾不足等风险，并尽量提升儿童与抚养者的社会参与程度。

第一节　育儿家庭支持政策概述

从儿童保护政策到覆盖全体育儿家庭的福利政策，日本的儿童福利理念变迁反映了不同时期日本社会、经济、政治背景的变化。1956 年，日本发布经济白皮书后，进入经济高速增长时期，伴随而来的是大规模人口流动。过去以农村为中心、三代同堂的较大规模家庭结构的数量逐渐减少，家庭的保障功能日益弱化。人们逐渐意识到，强化家庭的儿童抚育功能亦是实现儿童福利的重要渠道。特别是在 1994 年日本加入联合国《儿童权利公约》后，以儿童为本位的理念得到确立。只有儿童及其监护人成为其福利权的行使主体，才能更充分、更有效地实现儿童的全面发展。为此，应当通过各种政策支持全体育儿家庭，既要体现儿童福利的普惠性，让福利政策全面惠及育儿家庭；又要充分考虑残障儿童抚养家庭、单亲家庭等较脆弱家庭结构的特定需求。

一、家庭育儿功能的弱化

第二次世界大战后，女性就业率持续上升，性别平等、平衡家庭与工作等观念，亦深刻地影响着日本家庭的生育行为与理念。根据日本国立社会保障与人口问题研究所公布的第十五次出生动向基本调查数据，近 40 年间，日本家庭计划生育第一胎时妻子的年龄已经从 1977 年的 26.5 岁上升到 2015 年的 33.4 岁。①

此外，隔代抚养（祖辈抚养孙辈）的可及性亦逐步下降。在日本传统社会三代甚至四代同堂家庭结构里，父母在年迈之后经常与孩子继续同住，年长的女性（儿童的祖母等）往往也承担起协助照顾其他家庭成员的孩子（尤其是尚且年幼的孩子）的职责。在中国，这样的情景在传统社会里亦极常见。可以说，在步入现代社会之前，在较大家庭规模之下，家庭成员之间有着较清晰的劳动分工，代际互助等家庭保障功能在儿童照顾体系中发挥着重要作用，尤其是在照顾服务的提供方面。但是，日本第十五次出生动向基本调查公布的数据显示，总体上看，随着时间推移，无法由祖辈协助日常照顾 3 岁以下儿童的家庭越来越多：20 世纪 80 年代中后期，约 42.2%的夫妇在孩子满 3 岁前没有得到来自妻子或丈夫母亲的帮助，这一比例在 2010—2012 年间已增加至 52.9%；但是对那些在孩子满 1 周岁后积极参与工作的女性而言，能得到来自自己母亲的日常帮助的女性比例显著提高（如图 4-1 所示）。可见，家庭保障功能尤其是代际照顾仍在发挥着作用，一些家庭甚至同时得到来自夫妻双方各自原生家庭的“日常性”“经常性”的育儿协助，但这一模式的可持续性面临着人口结构变化和城市化的冲击。

① 国立社会保障・人口問題研究所. 第 15 回出生動向基本調查［EB/OL］.（2016-09-15）［2019-10-02］. http：//www. ipss. go. jp/ps-doukou/j/doukou15/report15html/NFS15R_html09. html#h3%202-4-2.

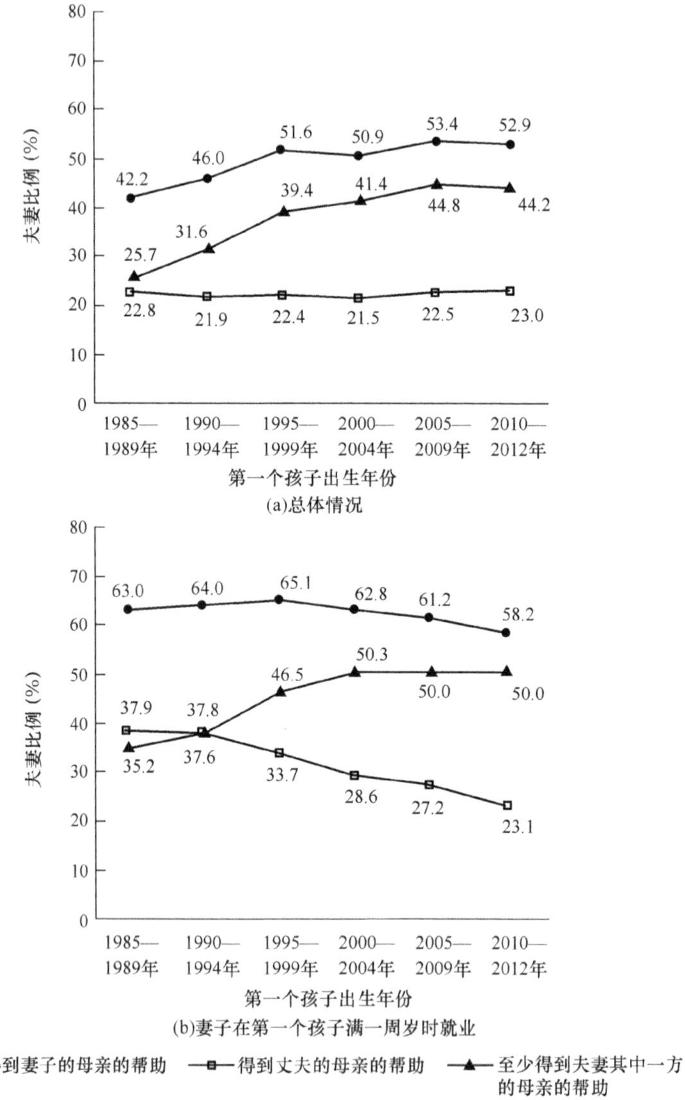

图 4-1　第一个孩子满 3 岁前，夫妻的母亲协助照顾儿童的情况

资料来源：国立社会保障・人口問題研究所．第 15 回出生動向基本調査［EB/OL］.（2016-09-15）［2019-10-02］http://www. ipss. go. jp/ps-doukou/j/doukou15/report15html/NFS15R_html09. html#h3%202-4-2.

注：调查对象为初婚夫妇，且其第一个孩子在接受统计调查时已满 3 岁而不足 15 岁。“妻子或丈夫的母亲的帮助”特指“日常性”“经常性”的育儿协助。

从儿童出生前到所抚养儿童成年，家庭在母子保健、保育、教育、日常用度、居住等方面将产生额外支出，这对已经独立生活、独立居住的广大年轻夫妻而言，构成了不小的经济压力。除此之外，就儿童照顾而言，来自传统大家庭的代际互助功能不仅有助于化解家庭劳动与谋取生计（市场劳动）之间的矛盾，在日常的儿童照顾中也潜移默化地完成了育儿技能、家庭伦理和精神支持等非物质维度的代际传承。在现代社会家庭核心化、代际互助严重削弱的背景下，如果没有额外的保育服务或家庭成员与邻里互助等的支持，年轻的育儿夫妇在保持市场劳动与家庭劳动之间的平衡时，需要付出更多的精力，尤其是在照顾学龄前儿童时产生的压力感和孤独感，增加了儿童抚养者的认知失调感和精神压力。

二、育儿家庭的需求与支持政策

根据厚生劳动省 2015 年的调查，正在抚养孩子的受访者中，对育儿感到焦虑的女性约占 77%，男性约占 67%。焦虑原因包括经济负担加重、缺乏自由时间、身体和精神感到疲劳等。[①] 对抚养残障儿童的家庭、单亲家庭[②]等特定人口结构的家庭而言，更是面临额外的压力。这些不利因素是日本当前少子化的重要原因，亟须根据育儿家庭的需求，予以政策支持。从需求类型上看，育儿家庭需要额外的经济保障、社会服务（特别是儿童照顾服务）、育儿假期，还需要有为（准）育儿家庭提供咨询服务、策划和制订一揽子育儿福利计划的渠道，根据家庭需求全面提升儿童福利与育儿家庭支持政策的申请效率与使用效果（见表 4-1）。

① 吉田幸惠，山縣文治. よくわかる子ども家庭福祉［M］. 京都：ミネルヴァ書房，2019：137.

② 根据厚生劳动省公布的数据，2017 年单亲育儿家庭占全体家庭的 7.2%，二人户单亲育儿家庭 1.7%。这些家庭往往面临更大的经济压力和儿童照顾困境。参见：厚生労働省. 平成 29 年度母子家庭の母及び父子家庭の父の自立援助施策の実施状況［EB/OL］.（2018-12-25）［2019-10-03］. https://www.mhlw.go.jp/content/11920000/000536760.pdf.

表 4-1　　面向不同需求提供的育儿家庭支持政策体系

<table>
<tr><th></th><th>服务对象</th><th>经济保障</th><th>服务供给</th><th>时间（假期）</th><th>咨询、策划体系</th></tr>
<tr><td rowspan="4">普遍需求</td><td rowspan="4">全体育儿或准育儿家庭</td><td>一般儿童津贴</td><td>母子保健</td><td rowspan="4">育儿假期；缩短劳动工时、弹性工作制等</td><td rowspan="8">儿童家庭咨询中心*、自立援助机构、儿童咨询所、福利事务所等</td></tr>
<tr><td>各类费用减免</td><td>保育服务</td></tr>
<tr><td>生育津贴</td><td>学龄儿童放学后活动体系</td></tr>
<tr><td>教育贷款</td><td>免费医疗服务</td></tr>
<tr><td rowspan="4">特殊需求</td><td rowspan="2">单亲家庭</td><td>面向单亲家庭的儿童抚养津贴</td><td rowspan="3">申请幼儿园、托儿所等保育服务时有较高优先度</td><td rowspan="4"></td></tr>
<tr><td>福利贷款制度</td></tr>
<tr><td>抚养残障儿童的家庭</td><td>面向残障儿童的两种津贴</td></tr>
<tr><td>遭遇家庭暴力等风险的家庭</td><td></td><td>临时保护、家访、更换监护人等</td></tr>
</table>

注：*针对基层地区儿童福利的各类相关问题，面向儿童及其抚养家庭等提供咨询、提供专业知识和技术支持、提出必要的建议；根据市町村的要求，提供技术建议和其他必要的援助，对需要保护的儿童或者其监护人实施指导，协调和联络儿童咨询所、其他儿童福利机构等。

第二节　面向所有育儿家庭的儿童福利政策

一、一般儿童津贴

《儿童抚养津贴法》为所有儿童和育儿家庭提供了一定的经济保障。该制度创制于 1971 年，历经多次修订，覆盖群体不断扩展，从最初只覆盖生育了 3 个或 3 个以上儿童且总收入在一定水平以下的家庭，拓展至每个育儿家庭。筹资来源也从单一的财政拨款拓展至财政与雇主共同出资。2018 年预算显示将发放 21 694 亿日元的儿童津贴。[①] 日本内阁府 2017 年儿童津贴事业年报

① 西郷泰之，宮島清. ひと目でわかる保育者のための児童家庭福祉データブック2019［M］. 東京：中央法規，2018：19.

显示，2017 年共有 1 017.6 万人领取了儿童津贴，其中超过九成的家庭处于收入限制线以下（923.3 万人，约占 90.7%）。领取者中，被雇佣者 756.0 万人、非被雇佣者 170.8 万人、公务员 90.8 万人，惠及 1 678.4 万名居家抚养儿童和近 3.7 万名机构照料儿童。财政资金为其主要筹资来源，而来自雇主缴费的金额为 4 031.6 亿日元，约占该制度年度总收入 17 479.2 亿日元的 23.07%。[①]

任何家庭只要正在抚养未满 16 周岁[②]的儿童，均是该福利项目的给付对象。就给付水平而言，儿童津贴制度首先设立了家庭年收入基准线[③]。家庭收入超过该基准线的家庭（即较高收入家庭），给付水平相对较低，但每抚养 1 名未满 16 周岁的儿童，每月亦可获得 5 000 日元津贴。家庭收入在该基准线以下的家庭（即一般家庭），根据儿童数量、儿童年龄等，也将得到不同标准的给付（见表 4-2）。对于由父母指定抚养者以及收养了符合条件的儿童的福利院等儿童福利机构，原则上也可以得到相应的给付。此外，为了提升行政效率、方便民众，儿童保育费用、在校餐费等，市、区、町、村根据情况也可以直接从儿童津贴中征收。

表 4-2　　一般儿童津贴的给付标准　　日元/儿童・月

<table>
<tr><th>儿童年龄</th><th colspan="2">一般家庭</th><th>较高收入家庭</th></tr>
<tr><td>未满 3 周岁</td><td colspan="2">15 000</td><td rowspan="4">5 000</td></tr>
<tr><td rowspan="2">3 周岁至小学毕业前</td><td>第 1、第 2 个孩子</td><td>第 3 个孩子及更多</td></tr>
<tr><td>10 000</td><td>15 000</td></tr>
<tr><td>小学毕业至 16 周岁前</td><td colspan="2">10 000</td></tr>
</table>

资料来源：作者根据《儿童津贴法》等法律法规整理而成。

表 4-3 展示了一般儿童津贴的筹资责任分担情况。从筹资机制上看，原则上

---

① 内阁府. 平成 29 年度児童手当事業年報［EB/OL］.［2019-10-01］https://www8.cao.go.jp/shoushi/jidouteate/pdf/29_nenpou/zentai.pdf.

② 具体而言，该福利从儿童出生当年开始发放，一直发放至该儿童 15 岁生日后的第一个 3 月 31 日为止。

③ 根据该家庭需要抚养、赡养或无收入的家庭成员数量等实际情况，该收入限制标准有所调整。例如，一个由正式劳动者、全职主妇以及两名需要抚养的儿童组成的四口之家，年收入限制标准为 960 万日元。

一般儿童津贴由中央财政负担 2/3，地方财政负担 1/3。但是，企业等用人单位亦需要缴纳相当于标准工资额度一定比例的资金（2018 年为 0.29‰），用于发放 3 周岁以前儿童的津贴；公务员所属部门则需要全额负担该项费用。2018 年，儿童津贴的给付总额为 21 694 亿日元，其中超过一半由中央财政承担（11 979 亿日元），一般雇主的承担比例不足一成（1 817 亿日元）。①

表 4-3　　2018 年一般儿童津贴的筹资责任分担情况

<table>
<tr><th colspan="2" rowspan="2"></th><th colspan="3">被雇佣者</th><th colspan="2">非被雇佣者</th><th>公务员</th></tr>
<tr><th>雇主</th><th>国家</th><th>地方</th><th>国家</th><th>地方</th><th>所属部门</th></tr>
<tr><td rowspan="3">未满 3 周岁儿童</td><td>特别给付*</td><td>0</td><td>2/3</td><td>1/3</td><td rowspan="5">2/3</td><td rowspan="5">1/3</td><td rowspan="5">100%</td></tr>
<tr><td rowspan="2">一般津贴</td><td rowspan="2">7/15</td><td colspan="2">8/15</td></tr>
<tr><td>16/45</td><td>8/45</td></tr>
<tr><td rowspan="2">3 周岁至初中毕业前</td><td>特别给付*</td><td rowspan="2">0</td><td rowspan="2">2/3</td><td rowspan="2">1/3</td></tr>
<tr><td>一般津贴</td></tr>
</table>

资料来源：作者根据社会福祉士養成講座編集委員会．児童や家庭に対する支援と児童・家庭福祉制度［M］．東京：中央法規，2019：162．相关内容进行整理。

注：* 收入超过一定限额的较高收入育儿家庭只能得到特别给付，金额较少。

从制度内容来看，日本的儿童津贴制度兼顾了普惠和公平。一方面，对包括生活在较高收入家庭在内的全体儿童发放了儿童津贴，不仅体现了全体国民对育儿责任的支持，更体现了对全体家庭勤恳育儿劳动的认可；另一方面，又充分考虑到儿童所在家庭以及儿童年龄的具体情况，设定了不同水平的给付标准，通过向抚育多子女、年轻子女的家庭和一般收入家庭倾斜公共资源，较好地体现了公平性原则。

二、母子保健政策

母子保健政策以保障和促进孕产期妇女和儿童的健康为主旨。第二次世界大

① 社会福祉士養成講座編集委員会．児童や家庭に対する支援と児童・家庭福祉制度［M］．東京：中央法規，2019：162．

战后，由营养不良引致的免疫力低下现象在当时相当普遍，日本的母子保健政策以预防治疗母子的各类感染症状为重点，此后，孕产妇和新生儿等死亡率持续下降。孕产妇死亡率从1950年的1.6‰减少至2017年的不足0.03‰，新生儿死亡率亦从1950年的6‰减少至2017年的不足2‰。[①]

步入21世纪后，日本的生育率持续下降，长期维持较低水平，与此同时经济、社会环境发生了巨大变化。在此背景下，母子保健政策的施策重点也发生了变化——如何整合医疗技术和公共卫生资源、提升慢性病儿童的生活质量、营造促进母子身心健康的环境等，成为日本母子保健政策的题中之义。时至今日，母子保健政策已经成为应对少子化问题的重要政策环节之一。

日本的《母子保健法》制定于1965年。这一法律的出台，标志着母亲作为全体儿童健康成长的重要基础得到承认，为了尊重和保护母亲，使新生儿成长为身心健康的人，国家应当保障和促进母子健康。1997年，这一制度得到进一步完善，明确了市町村是实施健康诊查、保健指导、家访咨询的主体。此外，强化了儿童福利与学校保健等的跨部门协作关系，强化了关于患有慢性病儿童治疗养育的指导服务。从构成体系上看，现行母子保健政策主要包括健康诊查与保健指导、育儿家庭家访指导和母子保健医疗三部分内容。

1. 健康诊查与保健指导

为了预防孕产妇流产、早产、妊娠高血压等风险，支持和推进孕产妇的健康管理事业，日本在孕妇妊娠和生产期间对孕产妇实施必要的免费指导和治疗。妊娠23周及之前每4周1次，24~35周期间每2周1次，36周及之后每周1次，由医院为孕产妇提供问诊、检查、妊娠期间的观察等服务，以便及时发现并发症等异常情况。2009年以来，14次以内的孕期诊疗原则上都免费提供，具体实施细则由各市町村根据实际情况予以规定。对于儿童，根据不同年龄阶段的特点提供各种保健医疗服务。

---

① 社会福祉士養成講座編集委員会. 児童や家庭に対する支援と児童・家庭福祉制度［M］. 東京：中央法規，2019：128.

2. 育儿家庭家访指导

根据《母子保健法》的规定，市町村应当为有孕产妇的家庭提供助产士、保健师上门指导服务，或者在认为有必要时，为有新生儿的家庭提供上门指导服务。同时，《儿童福祉法》要求对所有抚养1岁前儿童的家庭进行上门访问，这一规定既有防止育儿信息不足、育儿支持不到位的考虑，也有及时发现并预防虐待儿童的目的。

3. 母子保健医疗

母子健康手册是《母子保健法》规定的实施母子保健医疗的重要工具。从确认怀孕到生产，再到儿童进入小学之前，均通过此手册进行健康管理、健康记录。此外，早产儿抚养医疗服务、残障儿童自立援助医疗服务、小儿慢性特定疾病医疗费给付制度、新生儿大规模筛查服务、产科医疗补偿制度、（母子保健型）福利使用者支持事业和助产设施等，共同构成了母子保健医疗的完整体系。(本书的第六章将进一步介绍儿童医疗制度的内容)。

三、面向全体家庭的保育服务

根据《儿童福祉法》第二十四条的规定，监护人因为参与劳动或者疾病等原因，其监护的儿童需要保育时，市町村应当实施保育；该规定不仅明确了基层政府是保育制度的实施主体，更重要的是将“监护人参与劳动”明确作为育儿家庭享受一般性保育服务的认定条件；不局限于参与市场劳动，监护人因照顾其家人等必要家庭劳动亦属于参与劳动之范畴，例如照顾其他儿童或老人等，从而使保育制度成为覆盖全体劳动者的普惠项目。

有保育需求的家庭等，需先向市町村申请，履行保育需求必要性认定程序。该认定由申请事由、分类和优先度三部分组成，在全国统一的基本框架下，具体实施细则由市町村根据实际情况制定。申请事由包括多种形态的劳动就业、孕产、监护人患病或残障、长期照顾其他家庭成员、受灾、求职、接受教育、存在家庭暴力等虐待行为、照顾其他孩子以及其他市町村认为有必要给予保育服务的事由。该认定分为三种类型（见表4-4），保育服务的申请使用流程、实施情况等将在本书第五章专门论述。

表 4-4　　保育需求必要性认定结果：三种类型

认定的类型	儿童年龄与需求	可供使用的托幼机构
1 号认定	3~5 周岁，主要希望接受教育	幼儿园、认定儿童园
2 号认定	3~5 周岁，监护人存在“需求必要性”	托儿所、认定儿童园
3 号认定	0~2 周岁，监护人存在“需求必要性”	

四、学龄儿童放学后综合政策

学龄儿童放学后综合政策旨在补充家庭照料儿童功能，使保育服务全面覆盖学龄前儿童群体。但是，对于广大单亲家庭、双职工家庭而言，学龄儿童特别是小学至初中期间，儿童放学后的时间与抚养者下班时间之间，往往仍有很长间隔。第二次世界大战以后，随着经济高速增长期的结束，日本的单亲家庭或双职工家庭比例逐渐提高，这使得学龄期儿童特别是放学后这一时间段内面临照料不足的风险。对“幼升小”年龄阶段儿童的抚养家庭而言，将面临社会支持骤然不足的压力，伴随而来的往往是妇女不得不退出劳动力市场、家庭收入下降或儿童上下学期间危险系数提升等风险。对于单亲家庭而言尤其如此，因为抚养者既无法放弃参与市场劳动，也难以胜任独自照顾儿童的责任。此外，如何综合利用这段时间举办各类课后活动，使儿童身心健全地全面发展，亦是儿童福利和教育政策的重要议题。显然，这些问题已经超出纯粹意义上的儿童福利，也影响了劳动力政策、教育政策、人口政策、性别平等等。

这一政策实际上主要面向小学阶段的儿童。2014 年，厚生劳动省与文部科学省共同推出放学后儿童综合计划，旨在增强教育部门与福利部门的合作，充分利用放学后的小学校舍、社区的合适场所或儿童馆、儿童游乐园等各类教育机构、儿童福利机构的空间，规定营运标准，配置必要的专业人士，在放学后为全体学龄儿童提供学习、体验、交流等活动的同时，也在一定程度上化解了劳动者在白天上班期间无法照顾儿童的困境。这些机构、中心等统称为放学后儿童健康成长事业。根据这一计划，日本提出了到 2019 年年底提供可供 30 万名学龄儿童使用的放学后儿童俱乐部的目标，所有小学亦同时设置了放学后儿童教室。为了贯彻实施这一计划，日本在市町村设置了专门的营运委员会，在都道府县设置了推进委员会。

根据《儿童福祉法》，放学后儿童健康成长事业设备与运营标准具体规定这些放学后活动中心的相关标准，市町村也会制定有关条例。标准或条例的内容包括服务时间①、设备标准、卫生管理、营运细则、从业人员数量、应急对策、投诉机制，以及与其他机关和监护人的联系等。

五、促进劳动者实现工作与家庭间平衡的育儿假

来自家人特别是父母的陪伴与照顾，对儿童的健康成长至关重要，对于新生儿而言尤其如此。因此，面向新生儿家庭的育儿假及其津贴一向是儿童福利制度的重要内容。但是，随着家庭结构的核心化、家庭规模的小型化，抚养、护理等家庭成员之间的相互援助功能日益弱化，劳动者要实现市场劳动与家庭照顾劳动之间的平衡变得越来越具挑战性。为了减轻这种负担，补充家庭的照顾功能，1991 年日本制定了《育儿休假法》，经过多次修订后，新的育儿、护理休假制度于 2005 年开始实施。

抚养未满 1 周岁儿童的男女劳动者，都可享受育儿假；在所抚养儿童无法进入托儿所等其他情况下，休假期限可延长至该儿童满 1 岁半时。此外，对于未享受育儿假的劳动者，该法律还规定了关于缩短劳动工时、实施弹性工作制等减少或缩短一般劳动时间的制度。

2010 年 6 月正式实施育儿、护理休假修订法案，鼓励与支持劳动者从事育儿等家庭劳动、家庭照顾的福利内容进一步扩大。根据修订后的法律，对于抚养未满 3 周岁儿童的劳动者，雇主应当对其实施短时工作制（每天 6 小时），缩短其工作时间；此外，如果劳动者提出不加班的要求，雇主应当免除这些劳动者的加班工作安排。对于抚养两个或以上孩子的家庭，在孩子生病时，父母每年可以享受最多 10 天的病儿看护休假。与此同时，废除了无法享受育儿假的例外情形——按照原法律规定，若劳动者的配偶是专业家庭主妇/主夫，则劳动者本人无法享受育儿假，这一规定在修订法案中予以取消。在育儿假期间的生育津贴方

① 一般而言每年不少于 250 天，寒暑假期间每天不少于 8 小时，开学后每天不少于 3 小时。

面，规定在180天内按照休假前工资的67%支付，此后按照休假前工资的50%支付。

虽然日本的育儿休假制度规定的福利较丰厚，且面向父母双方，但是仍然有希望参与市场劳动的女性为了育儿不得不辞职的现象出现。另外，有数据显示，实际上男性享受育儿假的比例非常低。2015年，日本提出了到2020年享受育儿假的男性达到13%的目标，但根据有关调查，这一指标在2016年仅为3.16%。[①]在此背景下，为了促进该制度的有效贯彻实施，2016年、2017年育儿休假制度进行了两次调整：明确了在劳动者或其配偶妊娠、产子时，雇主应当单独告知劳动者关于育儿休假等制度；儿童在满1岁半时如果无法进入托儿所，其抚养者可以申请将育儿假最多延长2个月，相关生育津贴也相应延长至该儿童满2周岁；将病儿看护假的最小单位从一天调整为半天，增加儿童福利政策的灵活性；扩大育儿休假的享受条件，例如有希望延长劳动合同的劳动者也可申请；对于阻碍劳动者休假、谋取相关不当得利的行为，亦加强了监督和惩罚措施。

第三节　面向特定需求的育儿家庭支持政策

一、抚养残障儿童的家庭与支持政策

残障儿童因先天或后天、生理或心智障碍，面临较高的社会融入或社会参与门槛；与一般家庭相比，抚养残障儿童的家庭往往也面临额外经济支出，所需社会服务或社会支持亦易出现结构性不足。例如，并非所有的托幼机构都适合残障儿童入园、入所，除非该幼儿园配备了足够多的专业人员。因此，亟须由专门面向残障儿童及其抚养家庭的福利政策予以支持。现有的残障儿童及其抚养家庭的支持政策可分为两大类：经济保障和福利服务。

除前述面向全体儿童、育儿家庭的一般儿童津贴外，日本建立了支付给残障

① 大津泰子. 児童家庭福祉［M］. 3版. 京都：ミネルヴァ書房，2018：229.

儿童抚养家庭的特别津贴制度，旨在减轻残障儿童抚养家庭及儿童本人的经济负担。此类经济保障主要由两大项目构成：特别儿童抚养津贴和残障儿童福利津贴（见表4-5），其中，前者由中央财政负担，后者由中央财政负担75%、地方财政（都道府县、市以及设立福利事务所的町村）负担25%。

除经济保障外，对残障儿童的福利服务可大致分为居家·接送型（通所型）和入住型（入所型），其中，入所型机构所提供的服务可以进一步划分为福利型和医疗型（见表4-6）。

表4-5　面向残障儿童抚养家庭的特别津贴

	特别儿童抚养津贴	残障儿童福利津贴
目的	通过发放津贴，增进残障儿童的福利	减轻重度残障儿童家庭的精神、物质负担，以增进残障儿童的福利
给付条件	1.（儿童）未满20岁；2. 居家抚养；3. 由父母或其他抚养者受领	1.（儿童）未满20岁；2. 居家抚养；3. 由儿童本人受领
残障程度与给付水平	1级津贴：身体、精神或智力障碍1~3级（部分），每月51 700日元	身体、精神或智力障碍1~2级（部分），每月14 650日元
	2级津贴：身体、精神或智力障碍2~4级（部分），每月34 430日元	
人数	243 472人	64 978人

资料来源：日本厚生劳动省官方网站 www. mhlw. go. jp

注：津贴给付水平为2018年的标准，给付人数为2017年年末数据。

根据2012年修订的《儿童福祉法》，原针对不同残障类型的各种儿童福利机构进行了一元化改革，与此同时亦广泛发掘所在地区的支持体系，形成了现有服务体系。基于《残障者自立援助法》《儿童福祉法》的各类机构所提供的残障儿童服务，覆盖了身体、精神和认知等不同类型的残障儿童及其家庭的需求，其中，居家·接送型服务主要由市町村政府负责，而都道府县政府主要负责入住型服务。表4-6归纳了面向残障儿童抚养家庭的主要福利服务内容。

除了上述专门面向残障儿童的服务外，抚养残障儿童的家庭在申请一般儿童福利时还依法享有优先使用权，例如在申请使用前述保育服务、进行保育需求必要性认定时，残障儿童家庭将享有更高的服务使用优先度。

表 4-6　　　　　面向残障儿童抚养家庭的主要福利服务内容

	服务类型	主要内容
咨询支援型	一揽子计划咨询支援	协助残障儿童及其家庭制定综合的福利服务使用方案，协助联系福利机构等
		定期审视福利服务等的使用情况，必要时对方案进行更新，并协助联系福利机构等
居家·接送型	儿童发育成长支援	指导残障儿童的日常生活行为，传授知识技能，提供有助其参与集体生活的适应性训练等
	医疗型儿童发育成长支援	包含上述儿童发育成长支援内容，加上医疗护理，主要针对有医疗服务需求的残障儿童
	放学后日托服务	在上课结束后或者学校休息日，由福利机构和学校提供提升生活能力的必要训练和往返接送，支持和促进残障儿童与社会的交流
	居家与接送型儿童发展支援	对外出访问福利机构非常困难的残障儿童，提供发育成长支援服务，每周两天左右
	托儿所等接送型支援	对正在使用或计划使用托儿所服务等儿童集体生活服务的残障儿童，每两周一次，为他们提升集体生活适应能力
入住型	福利型	向居住在福利机构的残障儿童提供保护、日常生活指导以及相关知识技能的传授
	医疗型	向居住在福利机构或指定医疗机构的残障儿童提供同“福利型”的服务内容以及医疗护理，主要针对的是那些需要特定医疗护理的儿童

资料来源：笔者整理自厚生劳働省．障害児支援施策の概要［EB/OL］.［2019-10-07］https：//www. mhlw. go. jp/content/12200000/000360879. pdf.

二、单亲家庭支持政策

作为单亲家庭支持政策的基本法律依据，《母子、父子以及寡妇福利法》对单亲家庭有着明确的定义，主要包括因丧偶、离婚而单亲化的家庭。[①] 与残障儿童因先天或后天残障所致的自身脆弱性相比，生活在单亲家庭中儿童的脆弱性更多地来自家庭相对较弱的经济能力和照顾能力。在母子家庭、父子家庭等单亲家

① 此外，还包括配偶生死不明（宣告失踪）、被配偶遗弃、配偶因在海外而无法履行抚养义务、配偶因身心障碍而长期无劳动能力等情形。

庭中，原本往往由夫妻双方共同承担的、维持家庭生计和养育儿童的职责，几乎完全落在了单亲家庭儿童的抚养者一人身上。显然，对单亲家庭的抚养者而言，来自经济、社会、精神、体力等方面的压力剧增，极易影响儿童的健康成长和全面发展，构成了对实现儿童福祉的风险。

值得注意的是，单亲家庭支持政策中对“儿童”的定义为未满20周岁者，这一定义与日本儿童福利领域中的典型定义有所不同。随着日本单亲家庭总量与比例持续增加（见表4-7），与丧偶相比，离婚逐渐成为家庭单亲化的原因。厚生劳动省的国民生活基础调查显示，二人户的单亲家庭数量总体呈上升趋势：纯母子家庭户数从1986年的60万户增至2017年的76.7万户，而纯父子家庭户数则从1986年的11.5万户减少至2017年的9.7万户。[①] 如果算上与其他家人共同居住的情况，2016年厚生劳动省实施的全国单亲家庭调查则显示，日本共有141.9万户“广义”单亲家庭（母子家庭123.2万户、父子家庭18.7万户）[②]，其中，离婚是家庭单亲化的主要原因（占母子家庭的79.5%、父子家庭的75.6%），大幅度超过因丧偶而单亲化的家庭：因丧偶的单亲化家庭比例从1983年的约40%急剧下降至2016年的8%（母子家庭）和19%（父子家庭）。[③] 除此之外，单亲家庭尤其是母子家庭的经济稳定性和家庭收入水平堪忧。单亲家庭的女性抚养者中，正规就业者的比例仅为44.2%，低于自雇佣者（3.4%）和打零工者（43.8%）比例之和，年均劳动收入约为200万日元；相比之下，父子家庭中抚养者的正规就业者接近七成（68.2%），远超自雇佣者（18.2%）和打零工者（6.4%），年均劳动收入约为398万日元。[④]

---

① 厚生労働省. 平成29年度母子家庭の母及び父子家庭の父の自立援助施策の実施状况［EB/OL］.（2018-12-25）［2019-10-03］https：//www. mhlw. go. jp/content/11920000/000536760. pdf.

② 这里使用的统计口径比前述“二人户单亲家庭”更大，包括了母子或父子以外还存在其他共同居住者的家庭，例如，与被抚养儿童的外婆共同居住的三人户母子家庭。根据厚生劳动省“国民生活基础调查”，只含有母子或父子的、父母未满65周岁、子女未满20周岁的单亲家庭户共有86.4万户，其中母子家庭76.7万户、父子家庭9.7万户。

③ 厚生労働省. 平成29年度母子家庭の母及び父子家庭の父の自立援助施策の実施状况［EB/OL］.（2018-12-25）［2019-10-03］https：//www. mhlw. go. jp/content/11920000/000536760. pdf.

④ 厚生労働省. 平成29年度母子家庭の母及び父子家庭の父の自立援助施策の実施状况［EB/OL］.（2018-12-25）［2019-10-03］https：//www. mhlw. go. jp/content/11920000/000536760. pdf.

表 4-7　　部分年份单亲家庭的发展趋势

年份	总家庭数（万户）	单亲家庭数（万户）				单亲家庭占总家庭数比例（%）	
			二人户单亲家庭				
				母子家庭	父子家庭		单亲二人户家庭比例
1986	3 754.4	190.8	71.5	60.0	11.5	5.1	1.9
1989	3 941.7	198.5	65.4	55.4	10.0	5.0	1.7
1992	4 121.0	199.8	56.6	48.0	8.6	4.8	1.4
1995	4 077.0	211.2	56.7	48.3	8.4	5.2	1.4
1998	4 449.6	236.4	58.0	50.2	7.8	5.3	1.3
2001	4 566.4	261.8	66.7	58.7	8.0	5.7	1.5
2004	4 632.3	277.4	71.7	62.7	9.0	6.0	1.5
2007	4 802.3	300.6	81.7	71.7	10.0	6.3	1.7
2010	4 863.8	318.0	78.5	70.8	7.7	6.5	1.6
2013	5 011.2	362.1	91.2	82.1	9.1	7.2	1.8
2014	5 043.1	357.6	83.3	73.2	10.1	7.1	1.7
2015	5 036.1	362.4	87.1	79.3	7.8	7.2	1.7
2016	4 994.5	364.0	80.3	71.2	9.1	7.3	1.6
2017	5 042.5	364.5	86.4	76.7	9.7	7.2	1.7

资料来源：作者根据日本厚生劳动省“国民生活基础调查”所披露数据整理、计算而成。因发生重大地震灾害等原因，2016 年的数据中不含熊本县的数据。原始数据转引自厚生労働省．平成 29 年度母子家庭の母及び父子家庭の父の自立援助施策の実施状況［EB/OL］.（2018-12-25）［2019-10-03］. https：//www. mhlw. go. jp/content/11920000/000536760. pdf.

注：此表中的二人户单亲家庭，指的是抚养者未满 65 周岁（有年满 65 周岁或以上者的家庭被计入老年人家庭）、所抚养的子女未满 20 周岁的父子或母子家庭。

日本的单亲家庭支持政策可大致分为儿童照料与生活支持、就业支持、抚养费支持和经济保障四大类。此外，专门接受母子临时避难或入住（例如遭受家庭暴力时）的福利机构①也为单亲家庭提供了综合的支持体系。日本依法设置在各福利事务所等机构的“母子、父子自立援助员”专门负责来自单亲家庭的咨询，与就业支持专员一起为单亲家庭提供全方位服务，例如协助申请职业能力开发相

① 即“母子生活支持机构”，是《儿童福祉法》所规定的的儿童福利机构的一种类型。

关的给付金，告知并协调托儿所和儿童放学后俱乐部的优先享受手续，提供关于抚养费和经济保障政策的咨询等。通过自立援助员制度，单亲家庭获得相关福利政策的可及性得以提升。2017 年，日本共配置了 1 764 名自立援助员（其中全职者为 520 名），共计为 73. 8 万个咨询个案提供了服务，咨询类型比例最高的是与单亲家庭福利贷款相关的内容（35. 1%），其次是与儿童抚养津贴相关的内容（16. 9%）；就业支援专员共 61 名，共计提供了 1. 9 万次服务。[①] 可见，最受单亲家庭关注的是经济保障方面的内容（共计 52%）。受篇幅所限，本节将主要介绍单亲家庭经济保障政策中的儿童抚养津贴制度和单亲家庭福利贷款制度。

1961 年颁布的《儿童抚养津贴法》旨在通过发放儿童抚养津贴，确保那些生活在单亲家庭的儿童及其所在家庭的安定，促进其自立，从而提升儿童的福祉。未满 18 周岁（残障儿童则可延长至 20 周岁）、符合以下给付要件之一的儿童，其抚养者可享受儿童抚养津贴：

①父母离婚；

②父亲或母亲死亡、达到一定残障等级、生死不明、连续遗弃一年以上、受到来自法院的家庭暴力人身保护令、被拘留一年以上；

③（母子家庭）非婚生子；

④被遗弃儿童等尚不知晓父母是否存在的儿童。

给付水平方面，儿童抚养津贴制度根据家庭规模、所抚养儿童数量和收入水平设置了较详细的给付标准（见表 4-8）。以 2018 年 8 月母子二人户家庭为例，年收入在 160 万日元以下的家庭，可以得到全部给付；而年收入达到 160 万日元且不满 365 万日元的母子二人户家庭，根据其家庭年收入不同，可得到 10 030 日元到 42 490 日元不等的“部分给付”；津贴的给付水平随家庭年收入增加而减少。而抚养多于一名儿童的单亲家庭，则在此基础上追加一定的给付水平；对于年收入高于基准线、只能享受部分给付的家庭，追加额同样随着家庭年收入而有所调整。截至 2017 年 12 月，共有 97. 3 万户家庭领取了儿童抚养津贴，其中母

---

① 厚生労働省. 平成 29 年度母子家庭の母及び父子家庭の父の自立援助施策の実施状況［EB/OL］.（2018-12-25）［2019-10-03］. https：//www. mhlw. go. jp/content/11920000/000536760. pdf.

子家庭为 88. 7 万户，父子家庭为 5. 3 万户，其他家庭为 3. 3 万户。[①]

表 4-8　　　　儿童抚养津贴的给付等级与每月给付标准

<table>
<tr><th></th><th colspan="2">所抚养儿童数量</th><th>给付水平或追加额</th></tr>
<tr><td rowspan="3">全部给付</td><td colspan="2">一名儿童</td><td>42 500 日元</td></tr>
<tr><td rowspan="2">两名儿童以上所追加额度</td><td>第二名儿童</td><td>10 040 日元</td></tr>
<tr><td>第三名及以后每名儿童</td><td>6 020 日元</td></tr>
<tr><td rowspan="3">部分给付</td><td colspan="2">一名儿童</td><td>10 030~42 490 日元</td></tr>
<tr><td rowspan="2">两名儿童以上所追加额度</td><td>第二名儿童</td><td>5 020~10 030 日元</td></tr>
<tr><td>第三名及以后每名儿童</td><td>6 010~13 010 日元</td></tr>
</table>

资料来源：厚生劳働省．平成 29 年度母子家庭の母及び父子家庭の父の自立援助施策の実施状況 [EB/OL]．(2018-12-25) [2019-10-03]．https：//www. mhlw. go. jp/content/11920000/000536760. pdf.

注：根据现有规定，因离婚而单亲化的育儿家庭，来自前夫/前妻的抚养费的 80%亦计入单亲家庭的年收入。

儿童抚养津贴在增加单亲家庭总收入的同时，综合考虑抚养人数、家庭收入水平等因素，对超过一定收入的家庭实施阶梯递减式给付，以期达成保障家庭生活和鼓励经济自立两大政策目标的平衡。以表 4-8 展示的母子二人家庭为例，对年收入 160 万日元及以下的家庭予以等额的全部给付，合计每年 51 万日元；随着家庭年收入逐渐上升至 200 万日元、250 万日元、300 万日元和 365 万日元，儿童抚养津贴的年度给付总额大致下降至 44 万日元、34 万日元、25 万日元和 12 万日元。在筹资责任方面，中央财政负担 1/3，其他各级地方财政共同承担 2/3。2018 年，该制度的中央财政预算为 1 710. 0 亿日元。

与儿童抚养津贴相比，另一项针对单亲家庭的经济保障政策——单亲家庭福利贷款制度，更侧重于促进单亲家庭中的儿童及其抚养人实现经济自立，从而增进这些儿童的福祉。该制度以无利率或 1. 0%的超低利率为突出特征，贷款申请涵盖创业、技能培训、接受教育、就业与入学生活周转、医疗护理、居住、结婚等 12 种类型，偿还期限从 3 年至 20 年不等。只要满足制度规定的贷款条件，多

① 厚生劳働省. 平成 29 年度母子家庭の母及び父子家庭の父の自立援助施策の実施状況 [EB/OL]. (2018-12-25) [2019-10-03]. https：//www. mhlw. go. jp/content/11920000/000536760. pdf.

数情况下无须保证人亦可申请（见表 4-9）。在筹资责任方面，中央财政负担 2/3 的资金，都道府县和部分城市负担 1/3 的资金。2017 年共计贷出超过 180 亿日元，其中超过 90%的贷款事由、款项均与儿童的教育有关。①

此外，国民年金制度和厚生年金制度中都规定了相应的遗属年金，符合条件的家庭或儿童可以领取，亦成为许多生活在单亲家庭中儿童的经济保障，在此不再赘述。

表 4-9　　单亲家庭福利贷款制度部分贷款项目概要

资金类别	申请事由	贷付上限	偿还时间
营业启动金	单亲家庭中的抚养者为了经营饮食、文具、糕点零售等事业而购入设备等	285 万日元	7 年内
就学资金	儿童从高中、中专到博士研究生等一系列课程的学费、书本费、通勤费等	从中专的每月 4.8 万日元到博士研究生课程的每月 18.3 万日元不等	5~20 年
入职周转金	购买儿童入职必要的床被、衣服、自行车等	10 万日元 特别贷付金 30 万日元	6 年内
住宅资金	单亲家庭中的抚养者用于建造、购买、修补、改建住宅等	150 万日元 特别贷付金 200 万日元	6~7 年

资料来源：作者根据厚生劳动省的《母子父子寡婦福祉資金貸付金の概要》内容整理，转引自厚生劳働省．平成 29 年度母子家庭の母及び父子家庭の父の自立援助施策の実施状況［EB/OL］.（2018-12-25）［2019-10-03］https：//www. mhlw. go. jp/content/11920000/000536760. pdf.

三、防止虐待儿童和家庭暴力政策

2000 年实施的《防止虐待儿童法》对虐待儿童的定义并不局限于物理伤害，其他严重侵害儿童基本权利、对儿童身心成长和人格形成造成重大恶劣影响的行为，亦被列入虐待儿童的范畴。因此，除了直接对儿童本人造成身心伤害外，对共同居住的家庭成员（如配偶）施以家庭暴力，亦属于对儿童造成严重伤害的范畴。此外，《防止家庭暴力法》亦旨在预防暴力行为对儿童的身心伤害，营造

① 厚生劳働省. 平成 29 年度母子家庭の母及び父子家庭の父の自立援助施策の実施状况［EB/OL］.（2018-12-25）［2019-10-03］. https：//www. mhlw. go. jp/content/11920000/000536760. pdf.

儿童身心健康成长的家庭环境。当判断可能发生了虐待儿童等事件时，为有需要的儿童提供临时保护，并安全而迅速地调查育儿环境等状况，是《儿童福祉法》授予儿童咨询所所长的职权。必要时，还可以通过家庭法院等剥夺监护人的监护权。

综上所述，日本为应对少子高龄化问题，切实促进儿童福利的实现，建立起了法治化程度高、体系全面综合、筹资责任明确、服务队伍专业的育儿家庭支持政策，并通过经济保障、服务供给、时间保障和福利方案咨询策划等形式多样的保障方法，为全体育儿家庭提供普惠式的政策支持，同时也对有特殊需求的家庭提供专门的制度保障。这种“普惠+特惠”的双层设计，既有助于全体儿童及其抚养家庭共享经济社会发展成果，体现《儿童福祉法》等法律中国家、社会、家庭等共同参与的理念，又能够瞄准特定脆弱群体的需求较精准地施策，从而最大限度地预防社会排斥。为了最大限度地发挥这种跨领域综合政策体系的效用，还需要由儿童家庭咨询中心等专门从事咨询、福利方案策划的机构，以儿童权利及其抚养家庭为本位，为其提供高效而有针对性的建议。

（中国劳动关系学院　蔡泽昊）

第五章　日本的育儿援助制度与托育服务

随着脑科学、经济学、社会学等多学科研究的不断推进，世界主要发达国家对普及学龄前儿童育儿援助服务的重要性已经形成共识。近年来，发达国家逐步将构建完善的学龄前儿童育儿援助服务体系纳入政府工作议程，将可获得、可负担和有质量的普惠性托育服务作为普及学前教育的基本定位与方向。[①] 高质量的普惠性托育服务不仅有助于提升儿童早期发育水平，提高儿童在学校教育中的学业表现，还有助于减轻育儿家庭负担，促进父母参与劳动力市场，进而推动整个国家社会经济的发展。

从有关生育意愿的研究成果来看，加里·贝克尔（Gary S. Becker）提出的生育经济理论认为，随着收入水平的不断提高，家庭对于子女养育质量的关注也在不断提高，而随着生育和抚养子女机会成本的急剧增加，会显著抑制家庭的生育意愿，导致生育水平下滑。因此，政府有必要通过提供公共育儿援助服务或实施家庭福利政策降低生育和抚养子女机会成本，以促进家庭提高生育意愿。

为促进人口均衡发展，积极应对不断加剧的人口老龄化趋势，鼓励女性参与劳动力市场，近年来日本政府针对其育儿援助制度进行了一系列重大改革，并取得了一定的积极成效。本章旨在分析日本育儿援助服务体系中存在的主要问题的基础上，较为系统地介绍日本育儿援助制度的基本框架及其改革思路，评述其制度改革的主要特征与服务体系建设发展方向。

---

① 刘焱，武欣. 欧洲国家发展普惠性学前教育的路径选择［J］. 比较教育研究，2019，41（01）：69-75+84.

第一节　日本的低生育水平与“待机儿童”问题

一、日本生育水平与生育意愿持续低迷

2019 年 6 月厚生劳动省发布的人口动态统计数据显示，2018 年日本全年出生人口约为 91.8 万人，刷新了 1899 年有记录以来的新低。① 从总和生育率的情况来看，1980—2005 年日本的总和生育率逐渐由 1.75 降低至历史最低水平 1.26，截至 2018 年虽缓慢增长至 1.42，但仍远低于世代更替水平 2.1。第二次世界大战后，随着人均收入水平的快速提高、价值观念的改变以及家庭观念的更新，日本的家庭结构发生了巨大变化，1970—2018 年日本的家庭数量由 2 989 万户增加至 5 099 万户，增长约 70.6%，平均家庭人口由 3.73 人降低至 2.44 人。其中，单身家庭数量由 554 万户增加至 1 413 万户，单身家庭所占比例由 18.6%快速增加至 27.7%，增加 9.1 个百分点；核心家庭数量由 1 703 万户增加至 3 080 万户，所占比例由 56.2%增加至 60.4%，上升 4.2 个百分点。② 总体来说，家庭数量的快速增长以及家庭规模逐渐向小型化发展是第二次世界大战后日本家庭结构变化的主要特征。

一方面，从单身家庭数量快速增长的原因来看，总务省“国势调查”数据显示，1960—2015 年日本各年龄段育龄男性与女性的未婚率均快速增长，25～29 岁男性未婚率由 46.1%上升至 72.7%，女性未婚率由 21.6%上升至 61.3%；30～34 岁男性未婚率由 9.9%上升至 47.1%，女性未婚率由 9.4%上升至 34.6%；特别是终身未婚男性占比由 1.5%上升至 23.4%，女性由 1.4%上升至 14.1%。③ 显

① 厚生労働省. 人口動態統計月報年計（概数）の概況（2018）［EB/OL］.（2019-06-07）［2019-06-14］. https://www. mhlw. go. jp/toukei/saikin/hw/jinkou/geppo/nengai18/index. html.

② 厚生労働省. 国民生活基礎調査［EB/OL］.［2019-10-14］. https://www. mhlw. go. jp/toukei/list/20-21. html.

③ 総務省. 国勢調査（2015）［EB/OL］.［2019-06-07］. http://www. stat. go. jp/data/kokusei/2015/.

然，育龄人口未婚率的快速增长是造成日本生育水平持续降低的重要原因之一。根据 2018 年内务府实施的少子化社会意识调查，约有 42. 4%的未婚受访者表示面临着较大经济压力是导致其未婚的最重要因素，占比在所有因素中排名第一。[①] 因此，如何有效降低育龄人口包括预期育儿成本在内的经济压力是日本政府提高人口生育率的重要课题之一。

另一方面，从核心家庭的变化情况来看，1955—2015 年核心家庭数量占亲族家庭数量的比率由 63. 4%增加至 85. 5%，表明日本家庭抚育子女以及老年人赡养能力正在逐步降低。[②] 从日本女性的就业情况来看，1955—2015 年女性就业人口由 492 万人增加至 2 474 万人，女性就业人口占就业总人口的比率由 29. 1%提高至 43. 9%，导致日本典型的专职主妇家庭数量持续减少（如图 5-1 所示）。根据总务省劳动力调查数据，1980—2018 年日本夫妻共同就业家庭数量由 614 万户增加至 1 219 万户，增长约 98. 5%；同期专职主妇家庭由 1 114 万户下降至 600 万户，减少约 85. 7%，女性就业率的快速提高进一步降低了日本家庭的保育能力。[③] 此外在保育成本方面，总务省家计调查数据显示，户主年龄为 20~29 岁、30~39 岁区间的育儿家庭可支配收入分别低于同年龄区间无子女家庭的 15. 7%和 5. 7%。[④] 随着核心家庭数量的不断增加、女性社会参与度的不断提升、保育成本的不断上升，日本家庭的生育意愿正在持续降低。国立社会保障・人口问题研究所实施的出生动向基本调查（夫妇调查）显示，日本家庭的理想子女数由 1977 年的 2. 61 人降低至 2015 年的 2. 01 人（历史最低值）。[⑤] 因此，构建完善的育儿援助服务体系，向育儿家庭提供高质量的普惠性托育服务，降低预期保育成本已成为日本政府提高家庭生育意愿的重要措施。

---

① 総務省. 少子化社会対策に関する意識調査［EB/OL］.［2019-09-14］. https://www8. cao. go. jp/shoushi/shoushika/research/h30/zentai-pdf/index. html.

② 総務省. 人口動態・家族のあり方等 社会構造の変化について［EB/OL］.［2019-08-10］. www. soumu. go. jp/main_content/000452791. pdf.

③ 総務省. 労働力調査（詳細集計）［EB/OL］.［2019-06-12］. https://www. e-stat. go. jp/stat-search/files? page=1&toukei=00200531&tstat=000000110001&cycle=1.

④ 内閣府. 少子化社会対策白書（2005 年）［EB/OL］.［2019-12-12］. https://www8. cao. go. jp/shoushi/shoushika/whitepaper/measures/w-2005/17webhonpen/index. html.

⑤ 国立社会保障・人口問題研究所. 出生動向基本調査（夫婦調査）［EB/OL］.［2019-06-12］. http://www. ipss. go. jp/site-ad/index_Japanese/shussho-index. html.

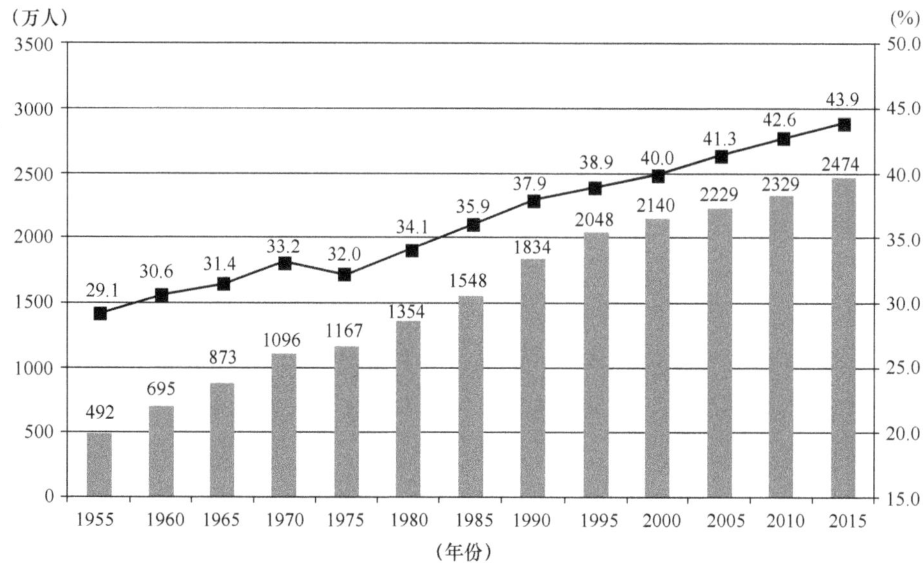

图 5-1　1955—2015 年日本女性就业人口变化情况

资料来源：総務省．人口動態・家族のあり方等 社会構造の变化について［EB/OL］.［2019-08-10］. www. soumu. go. jp/main_content/000452791. pdf.

目前，学术界普遍认为劳动力人口减少是日本经济陷入长期低迷的重要原因之一。在少子老龄化趋势不断加剧的局面下，要实现劳动力供给增加，从短期看只能依靠两条途径：①促进潜在劳动力人口就业；②减少现有劳动力人口流失。为此，2015 年 9 月 24 日，日本首相安倍晋三宣布“安倍经济学”进入第二阶段，并提出了以“1 亿总活跃”为目标的新“三支箭”战略。所谓新“三支箭”中的“第一支箭”即孕育希望的强大经济，具体目标是到 2020 年名义 GDP 达到 600 万亿日元；“第二支箭”即构筑梦想的育儿援助体系，具体目标是提高总和生育率至 1. 8；“第三支箭”即构建安心的社会保障制度，实现“介护离职”为 0 的目标。新“三支箭”战略的提出，标志着通过改革育儿援助制度来提高人口生育率，进而促进女性劳动者就业成为第三次安倍内阁任期内的政策要点。

二、日本育儿援助体系中的“待机儿童”问题

目前，“待机儿童”问题是日本育儿援助体系中存在的亟须解决的问题之一。[①]截至2017年，日本尚有26 081名“待机儿童”，特别是2013年以后“待机儿童”数量呈现出快速增长趋势（如图5-2所示）。进一步地，从“待机儿童”的年龄结构来看，0~2岁幼儿约占88.6%，特别是1~2岁幼儿占比高达71.7%，表明日本面向3岁以下幼儿的育儿援助服务存在明显不足。[②] 值得注意的是，厚生劳动省对“待机儿童”的定义范畴较为严格，例如取得“保育不足”认定的儿童，如其无法获得政府提供的托育服务但由其亲属临时负责养育或获得小型非正规托育服务机构提供的短期服务，则不能被认定为“待机儿童”，由此导致一部分儿童实质上并未获得适当的托育服务但并未被列入“待机儿童”范围，产生了大量的“潜在待机儿童”。据厚生劳动省估算，2016年日本共有“潜在待机儿童”约6万名，为“待机儿童”人数的2.6倍。[③] 但是，野村综合研究所2017年的调查显示，无法获得适当托育服务的幼儿数量高达31.3万人，远高于政府部门公布水平。[④]

解决“待机儿童”问题对于日本具有重大意义。首先，日本自1975年新出生人口首次低于200万人以来，1985年下降至150万人，2016年首次跌破100万人，人口规模长期处于减少趋势，完善育儿援助体系建设有助于提升生育意愿、缓解人口生育率逐年下降带来的少子化问题。其次，厚生劳动省调查显示，日本妇女生育前1年就职率为54.5%，生育后半年就职率降低至25.1%，生育1年半以后就职率虽小幅增加至30.3%，但仍显著低于生育前水平。[⑤] 显然，幼儿托育服务供给不足是造成女性劳动者离开工作岗位的重要原因之一。因此，完善

---

① 所谓“待机儿童”是指符合政府“保育不足”认定标准，但受到托儿所等托育服务机构服务能力（场地、人员等）限制，导致部分幼儿无法获得托育服务的现象。

② 厚生労働省. 保育所等関連状況取りまとめ（2017）[R/OL].（2017-04-01）[2018-06-12]. http：//www. mhlw. go. jp/stf/houdou/0000176137. html.

③ 産経新聞. 潜在待機児童6万人に公表数の2. 6倍，厚労省が緊急対策 [EB/OL]. [2018-06-14]. https：//www. sankei. com/life/news/160328/lif1603280033-n1. html.

④ 野村総合研究所. 2020年までに新たに整備が必要な保育の受け皿は88. 6万人分 [R/OL]. [2018-09-12]. https：//www. nri. com/jp/journal/2017/07/20170823/.

⑤ 厚生労働省. 第7回21世紀出生児縦断調査（平成22年出生児）の概況 [EB/OL].（2018-05-30）[2018-06-14]. http：//www. mhlw. go. jp/toukei/saikin/hw/syusseiji/16/index. html.

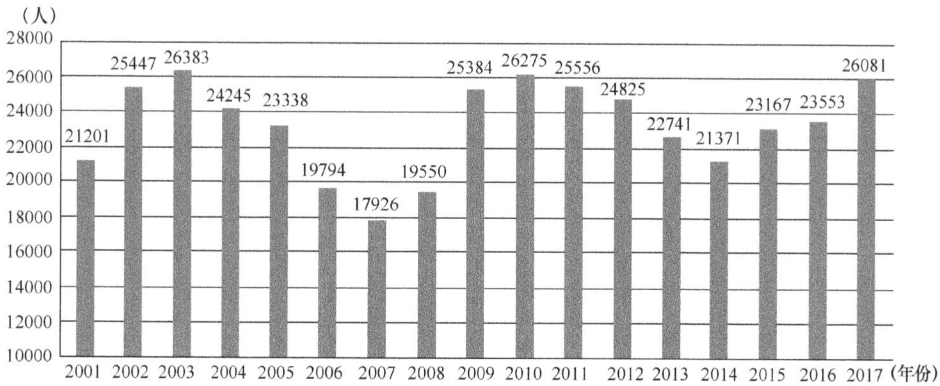

图 5-2　2001—2017 年日本“待机儿童”数量变动趋势

资料来源：厚生劳働省．保育所等関連状況取りまとめ（2017）[EB/OL]．(2017-04-01)[2018-06-12]．http://www.mhlw.go.jp/stf/houdou/0000176137.html.

育儿援助体系有助于促进女性就业，缓解日本长期面临的劳动力不足问题。此外，完善育儿援助体系在促进女性就业的基础上有助于提高家庭收入，降低生育成本，从而提高育儿家庭养育质量。[①] 最后，完善育儿援助体系，有助于通过提供正规化的托育服务提升幼儿早期发育水平，筑牢幼儿福利保障救助安全网，预防近年来日本社会频繁发生的弃养、虐待幼儿现象。

第二节　日本育儿援助制度的基本情况及存在的主要问题

一、日本育儿援助制度的基本情况

日本的育儿援助制度起源于第二次世界大战结束后初期，为解决由于战争带来的大量孤儿、流浪儿童以及单亲家庭儿童的抚养问题，日本于 1947 年制定了

① OECD. Starting Strong Ⅱ：Early Childhood Education and Care [EB/OL].（2006-09-11） [2018-06-16]. http：//www.oecd.org/education/school/startingstrongiiearlychildhoodeducationandcare.htm.

《儿童福祉法》，并明确规定：为确保儿童身心健康，国家和地方公共团体有义务向儿童监护人提供必要的育儿援助服务；在儿童难以或不适合由其家庭养育的情况下，国家和地方公共团体有义务采取必要的救助措施。此后，以《儿童福祉法》第七条为法律依据，日本在全国范围内广泛设立托儿所，向被认定为“保育不足”的幼儿提供托育服务，由厚生省直接负责托儿所运营管理，并对托儿所的硬件设施、人员配置等设置条件进行严格监管。值得注意的是，尽管托儿所与幼儿园均面向学龄前儿童提供看护服务，但托儿所属于儿童福利事业机构，在法律依据、服务对象、契约形式等诸多方面与幼儿园存在根本区别。长期以来，日本的育儿援助体系一直保持着托儿所与幼儿园彼此独立的“二元化”结构（见表5-1）。

表5-1　日本托儿所与幼儿园的主要差异

	托儿所	幼儿园
法律依据	儿童福祉法	学校教育法
主管部门	厚生劳动省	文部科学省
机构性质	儿童福利事业机构	学校
服务对象	0~5岁学龄前被认定为“保育不足”的儿童	3~5岁学龄前儿童
契约形式	由儿童监护人向其所在市町村提出托育服务申请	由儿童监护人与幼儿园直接签订服务协议
年标准服务时间	300天以上（公共假期可提供临时服务）	39周以上（有春假、秋假、寒假）
日标准服务时间	原则上8小时，各托儿所自行确定	原则上4小时，各幼儿园自行确定
监护人费用负担	由各市町村根据儿童所在家庭的收入状况确定保育费标准	幼儿园规定的入园费、保育费（根据监护人收入提供入园补助）

资料来源：松本和也，高田寛．「子ども・子育て援助法」時代の托儿所経営［J］．生活福祉研究，2013，83：4.

二、日本育儿援助体系存在的主要问题

1. 托儿所提供托育服务的对象覆盖范围狭小

长期以来，日本的幼儿养育问题一直由家庭和政府两方面分别负责，即一般

幼儿的养育由其所在家庭全权负责，政府仅向少数被认定为“保育不足”的幼儿提供社会化托育服务。显然，日本育儿援助制度提供的托育服务缺乏普惠性。如前文所述，第二次世界大战后随着日本家庭结构向“核心家庭”发展以及女性社会参与度不断提高，一方面，缺乏普惠性的育儿援助制度与日益增长的托育服务需求之间的矛盾成为限制日本女性进入劳动力市场的重要原因，给育儿家庭带来沉重负担；另一方面，由于只能接受政府财政拨款且仅能够向获得政府“保育不足”认定的幼儿群体提供托育服务，使托儿所的盈利能力受到极大限制，运营效率低下。因此，第二次世界大战后日本虽然在各地区广泛建立了较为完善的以托儿所为核心的育儿援助服务体系，但是由于托儿所提供托育服务属于国家救济性质，并不具备普惠性，从而成为日本育儿援助体系中存在大量“待机儿童”的重要原因之一。

2. 托儿所提供的托育服务内容僵化单一

由厚生劳动省负责直接管理的托儿所属于儿童福利事业机构，其提供的托育服务具有国家救济性质，因此原则上获得托育服务的受益人并没有自行选择托育服务提供机构和托育服务类型的权利。申请托育服务的育儿家庭须经过收入、财产、工作时间等一系列较为严格的资格审查后，经市町村政府批准后才能具备获得托儿所提供托育服务的资格（如图 5-3 所示）。此后，育儿家庭通过“间接契约”的方式与批准托育服务的市町村政府签订服务协议。所谓“间接契约”方式是指，基于《儿童福祉法》，政府对被认定为“保育不足”的幼儿负有法定养育义务，因此由市町村政府与被认定为“保育不足”的幼儿监护人签订托育协议，并根据育儿家庭收入水平确定其向市町村政府缴纳的托育服务费用，进而由市町村政府与托儿所签订委托协议，并由政府向托儿所支付一揽子日常运营所需费用。由于获得托育服务的育儿家庭与提供托育服务的托儿所之间并没有服务契约关系，只能由市町村政府指定的托儿所向幼儿提供统一标准的托育服务，无法根据育儿家庭实际需要选择托育服务提供者和调整托育服务内容，因此往往无法真正满足育儿家庭实际需求，并由此产生了大量的“潜在待机儿童”。

3. 托儿所与幼儿园相互独立的“二元化”结构

如表 5-1 所示，虽然日本的托儿所和幼儿园在提供的服务内容上具有一定的

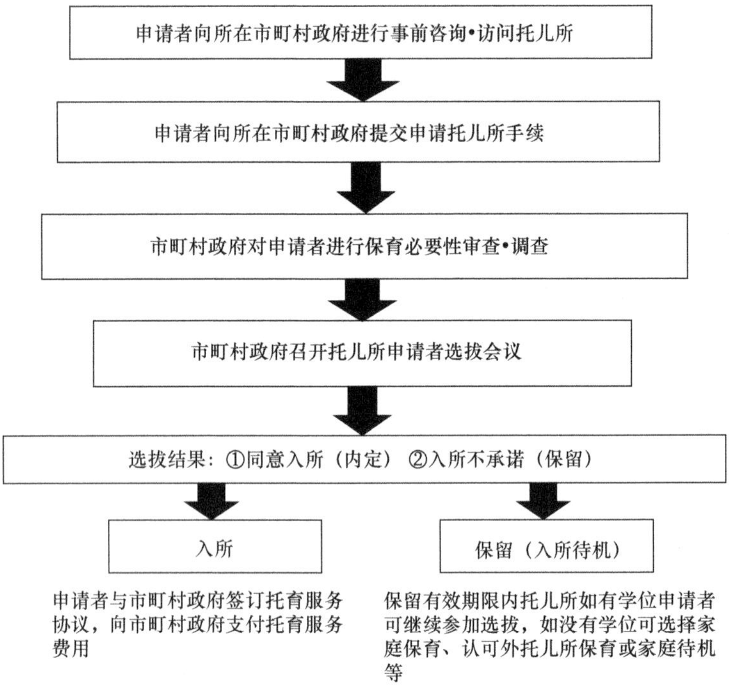

图 5-3 日本育儿家庭申请托儿所托育服务基本流程

相似之处，但是在法律依据、主管部门、契约形式以及监护人费用负担等方面存在较大区别。与幼儿园相比，托儿所在政府监管等方面尤为严格，几乎完全依赖政府投入，这不利于社会力量参与育儿援助服务体系建设。由此，一方面造成了日本的托儿所数量严重不足，托育服务供给能力受到极大制约，产生了大量的“待机儿童”；另一方面，幼儿园数量相对过剩，大量的托育服务资源没有被充分利用。文部科学省学校基本调查数据显示，2016 年日本幼儿园平均定员充足率仅为 67%，其中东京都幼儿园定员充足率为 83%；同期日本“待机儿童”数量为 23 553 人，其中东京都“待机儿童”数量为 8 466 人，约占全国“待机儿童”数量的 1/3。[①] 因此，托儿所与幼儿园相互独立的“二元化”结构实质上造

① 文部科学省. 学校基本調査（平成 28 年）[EB/OL]. [2019-10-05]. https://www.mext.go.jp/b_menu/toukei/chousa01/kihon/1267995.htm.

成了日本托育服务供给资源的浪费，极大地限制了社会资源参与托育服务体系建设。

4. 育儿家庭获得托儿所托育服务资格认定困难

如图 5-3 所示，按照基本流程，日本育儿家庭申请托儿所提供的托育服务必须经过市町村政府主管部门的保育必要性审查，只有获得“保育不足”的幼儿才有资格获得托育服务资格，其中，“保育不足”事由仅包括：①幼儿抚养者有稳定的昼间劳动时间；②幼儿抚养者妊娠或因生产后无力抚养；③幼儿抚养者因疾病、负伤、精神或身体存在障碍无力抚养；④幼儿抚养者因向同居亲属提供护理而导致无力抚养；⑤幼儿抚养者因地震、台风、洪水或火灾而导致无力抚养；⑥与上述 5 点相类似的情况。显然，当幼儿抚养者为非正规劳动者、夜间劳动者、就学者、求职者或需护理独居或住院老年亲属等情况时，其幼儿申请托儿所托育服务存在较大困难。近年来，日本人口老龄化趋势不断加剧，育儿家庭护理老年亲属压力日益加大；劳动者就业形式向多样化发展，非正规劳动者、自由职业者数量不断增加；女性受教育程度不断提高，已婚女性就学求职需求不断增强。在这种新形势下，缺乏普惠性的育儿援助制度正成为日本少子老龄化以及一系列社会经济问题的重要制约因素之一。

5. 育儿援助制度提供的托育服务价格昂贵

一方面，20 世纪 90 年代以来，由于经济陷入长期低迷，导致日本 20~39 岁年龄区间育龄劳动者收入增长缓慢。根据总务省就业构造基本调查，1997 年 20~29 岁年龄区间年收入约为 300 万日元的劳动者所占比例最高，约占 25%；到 2012 年该年龄区间年收入约为 200 万日元的劳动者所占比例最高，约占 18%，同期该年龄区间年收入约为 300 万日元的劳动者所占比例下降至约 18%。同时，1997 年 30~39 岁年龄区间年收入为 500 万~699 万日元的劳动者所占比例最高，约占 24%；到 2012 年该年龄区间年收入约为 300 万日元的劳动者所占比例最高，约占 18%，同期该年龄区间年收入为 500 万~699 万日元的劳动者所占比例下降至约 14%。[①] 另一方面，根据内阁府《育儿费用支出网络调查报告书》，0~6 岁育

---

① 内閣府. 少子化社会対策白書（2015 年）［EB/OL］.［2019-11-14］. https://www8. cao. go. jp/shoushi/shoushika/whitepaper/measures/w-2015/27pdfgaiyoh/27gaiyoh. html.

儿家庭年均育儿费用支出约为104.4万日元；利用托儿所、幼儿园等机构托育服务的幼儿年均育儿费用支出约为121.7万日元，其中年均托育服务费用支出约为37.9万日元，占年均育儿费用支出比例高达31.2%；而不利用托育服务的幼儿年均育儿费用支出约为84.3万日元。[①] 显然，高昂的育儿费用支出特别是托育服务费用支出给日本育儿家庭带来了较为沉重的经济负担。由于育儿援助制度提供的托育服务价格昂贵，缺乏可负担性，直接限制了日本育儿援助制度提供托育服务的普惠性，导致部分育儿家庭因无法承担托育服务费用而造成幼儿养育质量低下。厚生劳动省21世纪出生儿童跟踪调查结果显示，经济原因是造成部分育儿家庭有利用托育服务的意愿而无法实现的最重要因素。[②]

第三节　日本育儿援助制度改革及基本思路

一、日本育儿援助制度改革的基本情况

第二次世界大战后，以托儿所为核心的育儿援助体系为保障日本幼儿福利发挥了重要作用。但是1980年以后，伴随着核心家庭数量的不断增加、女性社会参与度的不断提升，日本传统的家庭形态开始发生显著变化，夫妻共同就业家庭比例不断增加，造成"待机儿童"问题愈发严峻。特别是1989年人口出生率下降至历史最低水平1.57，促使日本政府开始着手对育儿援助体系进行改革。此后，日本政府陆续制定"天使计划"（1994）、新"天使计划"（1999）、《少子化对策》（2002）、《少子化对策基本法》（2003）、《次世代育成支援对策推进法》（2003）、《少子化对策大纲》（2004）等一系列育儿援助体系改革措施，并在增建、扩建托儿所，丰富育儿援助服务类型，提高托育服务质量等方面取得了

① 内閣府. インターネットによる子育て費用に関する調査（2009年）［EB/OL］.［2019-12-22］. https：//www8. cao. go. jp/shoushi/shoushika/research/cyousa21/net_hiyo/mokuji_pdf. . html.

② 厚生労働省. 第4回21世紀出生児縦断調査（平成22年出生児）の概況［EB/OL］.（2015-12-15）［2018-06-14］. http：//www. mhlw. go. jp/toukei/saikin/hw/syusseiji/16/index. html.

一定进展。2006—2008 年间"待机儿童"数量呈现出一定的减少趋势[①]（如图 5-2 所示）。但是，"待机儿童"问题并未得到妥善解决，2009 年以后"待机儿童"数量始终保持在 2 万人以上水平。2009 年 9 月民主党执政以后，将缓解人口少子老龄化、减轻育儿家庭负担、解决"待机儿童"等问题列为其核心施政纲领，并于 2010 年在内阁府设立新育儿援助体系研讨会专门研究制定改革方案。2012 年 8 月，民主党联合自民党、公明党两个最大在野党向国会提出《儿童与育儿援助法》《认定儿童园修正法》以及《儿童与育儿援助法以及认定儿童园修正法实施相关整备法律》获得通过并于 2015 年 4 月开始正式实施。以《儿童与育儿援助法》等 3 个关联法案为基础形成的育儿援助新制度是进入 21 世纪以来日本政府对育儿援助制度进行重大改革的成果。此后，2017 年 6 月安倍内阁在此基础上制定了"育儿安心计划"，重点解决"待机儿童"问题。按照"育儿安心计划"规划，到 2020 年年底日本政府将通过市町村政府等增设幼儿托育服务学位 32 万个，力争在 2022 年以前通过实施更具有普惠性的托育服务实现女性就业率达到 80%的目标。[②]

二、日本育儿援助制度改革的基本原则

1. 增强托育服务市场供求双方自主选择权

2015 年 4 月开始实施的育儿援助新制度，将以往由政府委托托儿所向幼儿提供托育服务的"间接契约"修改为"直接契约"方式，改变了过去托儿所虽然向幼儿提供托育服务，但是服务提供者与受益人之间不存在平等契约关系的弊端。育儿援助新制度实施以后，大部分托育服务机构有权与幼儿监护人直接签订托育协议，并由幼儿监护人直接向托育服务机构支付托育费，同时市町村政府以"给付费"的形式向托育服务机构支付按照"公定价格"核算的标准托育费剩余部分，由此托育服务机构与受益者之间直接形成契约关系（如图 5-4、图 5-5 所示）。[③]

---

① 山﨑高哉，樊秀丽，杨奕. 日本学前教育的新构想［J］. 学前教育研究，2012（08）：19-29.

② 首相官邸. 子育て安心プラン［EB/OL］.［2019-11-05］. http：//www. kantei. go. jp/jp/headline/taikijido/.

③ 标准托育费=政府"给付费"+幼儿监护人实际缴纳的托育费。其中，幼儿监护人向托儿所实际缴纳的托育费由市町村政府根据育儿家庭上一年收入水平确定。

“直接契约”方式确立了幼儿家庭在托育服务市场中作为消费者的主体地位，尊重幼儿家庭意愿，赋予其自主选择托育服务机构和托育服务内容的权利。

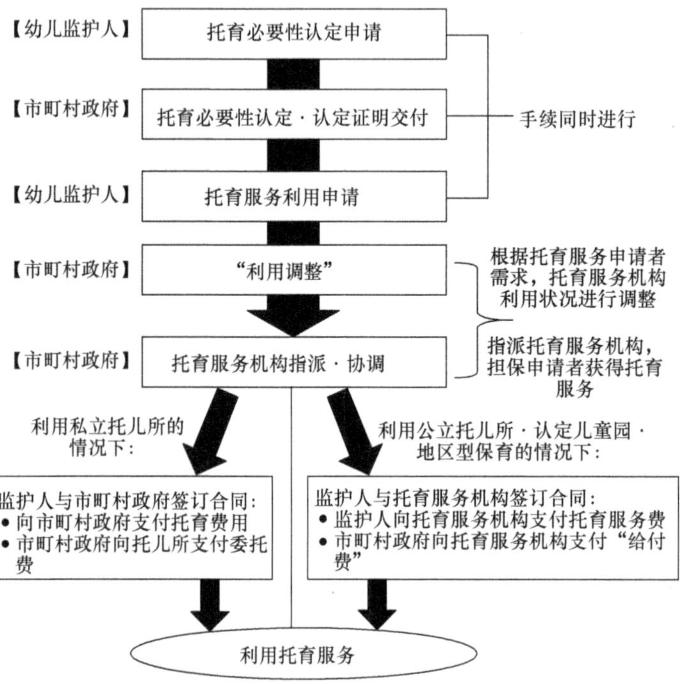

图 5-4　日本育儿援助新制度申请利用托育服务基本流程

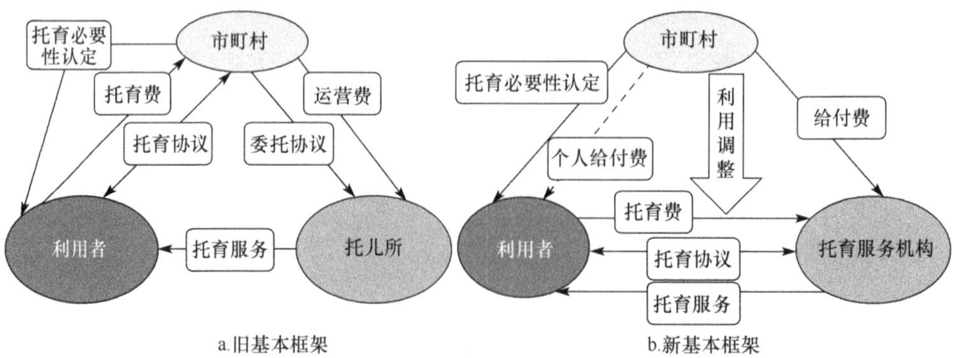

图 5-5　日本新旧育儿援助体系基本框架对比

资料来源：内閣府．子ども・子育て支援新制度について［EB/OL］.（2018-05-01）［2018-06-24］. http://www8. cao. go. jp/shoushi/shinseido/index. html.

同时，育儿援助新制度将从前政府向托育服务机构提供的一揽子运营资金改革为“给付费”形式，打破了以往只有托儿所才能获得政府运营费的限制，使得社会福利法人、民间团体、营利企业等多种法人类型均可进入托育服务市场开设认定儿童园、小规模托儿所等并获得政府“给付费”，向民间各种类型法人开放托育服务市场取得重大突破。另外，育儿援助新制度改革了以往由政府向托育服务机构提供运营费等一揽子资金补助方式，政府根据“公定价格”以及幼儿监护人实际缴纳的托育费向托育服务机构支付“给付费”，从而有效地控制了财政支出。因此，育儿援助新制度将申请托育服务流程由“间接契约”方式改革为“直接契约”方式，除少数私立托儿所以外，政府不再作为契约方参与托育协议签订，极大地弱化了政府直接提供托育服务的义务，显示出日本政府增强托育服务市场供求双方自主选择权的倾向。通过增强托育服务市场供求双方自主选择权，将日本以托儿所为核心的育儿援助服务体系由从前从属于政府指令的行政事业机构改革为托育服务市场的参与者，有利于放开托育服务机构的准入机制，允许民营企业等多种市场主体参与托育服务体系建设，形成有效市场竞争，提高托育服务的效率与质量，从而为提升幼儿托育服务的普惠性奠定基础。

2. 构建更为完善的托育必要性认定体系

长期以来，日本各市町村政府一直按照“保育不足”单一标准来划分幼儿是否有权获得托育服务。但是，一方面，由于“保育不足”认定标准覆盖范围较为狭窄，实质造成了一部分幼儿早期养育水平低下；另一方面，获得认定资格的幼儿原则上每天只能获得 8 小时托育服务，无法根据其监护人实际情况满足其保育需求，往往造成托育服务供给的不足或浪费。按照育儿援助新制度认定规则，首先根据年龄及其监护人是否符合托育服务申请事由将幼儿划分为 4 种类型。其中，3~5 岁幼儿根据其监护人是否符合托育服务申请事由划分为 1 号认定者和 2 号认定者；0~2 岁幼儿根据其监护人是否符合托育服务申请事由划分为 3 号认定者和无托育必要认定者。1 号认定者无须托育服务，根据学校教育法直接进入幼儿园或“认定幼儿园”；符合托育服务申请事由的 2 号认定者获得托育服务认定，可根据实际情况选择进入托儿所或者认定儿童园。针对符合托育服务申请事由的 3 号认定者获得托育服务认定，可选择进入托儿所、认定儿童园或者地区型保育事业服务机构；无托育必要认定者由其家庭自行负责抚养（如图 5-6 所示）。

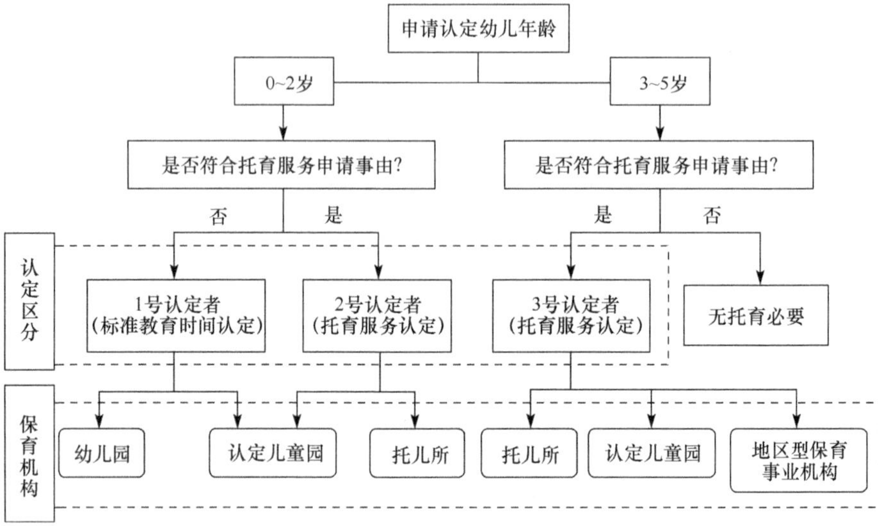

图 5-6　日本育儿援助新制度下保育申请认定流程

资料来源：内閣府．子ども・子育て支援新制度なるほどBOOK［EB/OL］．(2018-04-01)［2019-06-24］．http://www8.cao.go.jp/shoushi/shinseido/event/publicity/naruhodo_book_2804.html.

值得注意的是，育儿援助新制度根据幼儿监护人实际情况扩充了托育服务申请事由的覆盖范围，具体包括幼儿监护人：①就职（全职劳动、兼职或临时劳动、夜间劳动、居家劳动等）；②妊娠、生育；③疾病或身心障碍；④主要同居家庭成员长期住院或老年家庭成员需要长期护理等情况；⑤遭受自然灾害；⑥求职活动（包括创业活动）；⑦就学（包括参加职业技能培训等）；⑧虐待或家庭暴力等情况；⑨保育休假期间已有子女获得托育服务，并继续申请托育服务；⑩其他类似且经过市町村认定事由。与旧制度相比，第⑥、⑦、⑧、⑨项为育儿援助新制度新添加认定事由，显示出新制度根据人口老龄化加剧、女性社会参与度提高等日本社会经济实际情况进行及时调整的倾向。此外，第①项事由增加了兼职劳动、夜间劳动、居家劳动等情况认定，显示出育儿援助新制度对幼儿监护人就业的支持形式更为灵活多样，通过拓展托育服务覆盖对象，育儿援助新制度的普惠性得到有效提升。

3. 提供更为丰富灵活的托育服务内容

育儿援助新制度改变了以往获得托育服务认定的幼儿原则上每天只能获得8

小时统一托育服务的规定，幼儿监护人有权根据其实际需求灵活调整托育服务时间。具体来说，如获得托育服务认定的幼儿监护人月平均工作时间超过120小时（相当于全职劳动者），则被认定为可享有“标准保育时间”，每日最多可获得长达11个小时的托育服务；如获得托育服务认定的幼儿监护人月平均工作时间少于120小时（原则上不少于48~64小时，具体标准由各市町村自行确定，相当于兼职或临时劳动者），则被认定为可享有“短保育时间”，每日最多可获得8小时的托育服务，并可根据幼儿监护人实际劳动状况灵活调整托育服务提供时间①。根据育儿援助新制度的规定，获得“短保育时间”认定者如果每日实际利用托育服务时间超过8小时应缴纳延长保育费。因此，与“标准保育时间”认定者相比，“短保育时间”认定者所缴纳的单位时间托育服务费用相对较高，显示出新制度引导劳动者延长劳动时间的政策导向性。

综上所述，日本的育儿援助新制度相比旧制度，在提高育儿援助机构运营效率、节约政府财政开支、引导劳动者延长劳动时间等方面具有一定优势。

4. 调动多种社会力量增设多种托育服务机构

尽管托儿所与幼儿园均面向学龄前儿童提供看护服务，但依据《儿童福祉法》设立的托儿所属于儿童福利事业机构，长期以来一直由托儿所独立负责向0~5岁获得“保育不足”认定的幼儿提供托育服务。托儿所与幼儿园彼此独立的格局，一方面造成托儿所机构数量长期不足，托育服务资源无法满足实际需求，“待机儿童”现象越发突出；另一方面造成大多数幼儿园服务资源经常处于过剩状态，却无法面向“保育不足”认定者提供托育服务。2006年6月，日本政府颁布《学龄前儿童保育・教育综合提供推进关联法》，旨在打破幼儿园与托儿所之间的业务界限，通过协调配置二者之间人员与设备资源，在提高运营效率的基础上扩充托育服务供给能力。以此为依据，面向0~5岁学龄前儿童综合提供“保幼一体型”服务的认定儿童园正式作为《儿童福祉法》与《学校教育法》特例得到法律认可。一般来说，认定儿童园可进一步划为“保幼一体型”“托儿所型”“幼儿园型”以及“地方裁量型”四种类型，无论幼儿监护人是否就业均

---

① 荒井貴史. 保育サービス市場と待機児童問題について［J］. 尾道市立大学経済情報論集，2016，16（1）：1-21.

可申请认定儿童园提供的托育服务。但是，由于认定儿童园受到文部科学省和厚生劳动省双重监管，并在从业人员资格、硬件条件等方面设置了较高标准，因此截至 2014 年年底，日本仅有 1 360 所认定儿童园，远未达到当初增设 2 000 所的目标。[①] 2015 年 4 月，随着育儿援助新制度开始实施，日本政府修正了认定儿童园面临的双重监管问题，并在认定儿童园从业人员资格、硬件条件、服务对象与内容等设置标准方面根据实际情况进行了修改。目前，认定儿童园可向获得第 1、2、3 号认定的学龄前儿童提供“保幼一体型”服务并获得政府“给付费”支持，各地申办认定儿童园积极性显著提高。2015—2017 年，认定儿童园机构数量由2 836 所增加至 5 018 所，呈现出快速增长趋势。[②]

此外，日本政府在育儿援助新制度框架下新设“地区型保育事业”，旨在通过提高市町村政府结合当地实际情况提供育儿援助服务的独立性和自主权，充分调动当地民营企业、社会福利法人、NPO 团体和民间志愿者等多种社会力量参与育儿援助体系建设，并积极拓展育儿援助等相关服务内容。所谓“地区型保育事业”，主要包括小规模保育事业、家庭保育事业、企业内保育事业和居家保育事业四种类型，其共同特点在于各种类型法人均可申请设立“地区型保育事业”服务机构，市町村政府在从业人员资格、硬件条件等方面根据当地实际情况制定准入标准，并鼓励其提供如居家看护、夜间保育、临时保育、延长保育等多种新型托育服务。2015 年 4 月至 2016 年 4 月，日本新设“地区型保育事业”服务机构 3 719 所，其中小规模保育事业机构 2 429 所，呈现出快速增长趋势。[③] 可以预见，在日本政府面临沉重财政负担的情况下，地区型保育事业将在节约政府财政资金、提高托育服务效率、切实满足育儿家庭日常需求方面发挥更大作用。

5. 强化政府对托育服务的监管与调剂能力

在日本政府增强托育服务市场供求双方自主选择权的进程中，一方面，政府

---

① 早瀬真喜子.「子ども・子育て支援制度」と「教育」・「保育」についての考察［J］. プール学院大学研究紀要，2015，56：263-264.

② 内閣府. 認定こども園に関する状況について［EB/OL］.（2018-04-01）［2018-06-17］. http：//www8. cao. go. jp/shoushi/kodomoen/jouhou. html.

③ 内閣府. 少子化社会対策白書（2018）［EB/OL］.（2018-07-01）［2018-08-17］ http：//www8. cao. go. jp/shoushi/shoushika/whitepaper/measures/w-2018/30pdfgaiyoh/30gaiyoh. html.

的职责正在由传统的托育服务直接“供给者”转变为间接“调剂者”；另一方面，由于民营企业、社会福利法人、NPO团体和民间志愿者等多种社会力量进入托育服务市场，各级政府部门在对托育服务质量监管方面面临更大挑战。为此，在育儿援助新制度框架下，日本政府主要通过以下四种手段，强化政府对托育服务市场的监管与调剂能力。

（1）制定严格的托育机构准入标准。各市町村政府针对不同类型的托育服务机构，制定严格的硬件设施、人员配置、从业人员资格等准入标准（见表5-2和表5-3）。通过定期或不定期的“一般监查”“特别监查”“实地指导”“集团指导”等方式对托育服务机构硬件设施与服务质量进行监督检查，并通过组织在职培训、召开经验交流会等多种形式提高从业人员服务技能。

（2）运用“给付费”方式控制托育服务质量。各市町村政府通过“给付费”形式向各种类型托育服务机构支付服务报酬，对于服务质量达不到标准或硬件设施、人员配置等方面存在缺陷的托育服务机构，政府有权减少或停止支付“给付费”以促使托育服务机构提高服务质量。

（3）运用“公定价格”制度调控托育服务市场供给。在育儿援助新制度框架下，由内阁总理大臣负责制定全国统一的托育服务“公定价格”，各市町村地方政府有权依据当地实际情况对“公定价格”进行适当调整，并严格依据“公定价格”向托育服务机构支付“给付费”。所谓“公定价格”，是指由政府部门对各种托育服务制定全国统一的价格标准，类似于医疗保险目录价格。一般来说“公定价格”由“基本额”和“加算额”两部分构成，一方面，政府可以通过调整“基本额”调控托育服务机构利润以及从业人员收入；另一方面，政府可以通过调控“加算额”实施各种鼓励或限制措施，如实施“夜间保育加算”制度促使托育服务机构提供夜间托育服务等。因此，“公定价格”体系是政府调控托育服务市场的最重要手段之一。

（4）运用“利用调整”制度调节托育服务资源分配。按照育儿援助新制度申请流程，对于申请托儿所、认定儿童园或地区型保育事业服务机构的第2、3号认定者，在服务资源不足的情况下，各市町村政府保留根据幼儿家庭状况、经济条件、托儿所学位数量等实际情况对托育服务资源进行“利用调整”的权力，以优先向单亲家庭、残障儿童、贫困家庭等弱势群体提供条件设施较为优越的托育服务，积极引导普通育儿家庭选择认定儿童园或者地区型保育事业等新型托育服务机构。

综上所述，通过实施育儿援助新制度，日本政府在充分调动多种社会力量参与托育服务体系建设、积极拓展托育服务普惠性的基础上，综合运用准入标准、“给付费”“公定价格”以及“利用调整”等多种行政手段保证了托育服务的质量水平。

6. 减免育儿家庭各种类型托育服务费用

根据 2015 年 4 月实施的育儿援助新制度，在保育费用减免方面，从 2016 年开始对于年收入低于 360 万日元的多子女家庭，在其长子（女）进入小学以前，次子（女）将享受保育费半额免除优惠，第三子（女）将享受保育费全额免除优惠；对于年收入低于 360 万日元的单亲多子女家庭，其长子（女）保育费即可享受半额免除优惠，次子（女）将享受保育费全额免除优惠。在此基础上，日本政府从 2019 年 10 月开始全面免费提供托育服务，现已进入全面实施阶段。[①]根据育儿援助新制度安排，针对 0~2 岁幼儿，住民税非课税家庭[②]子女利用托儿所、认定儿童园、地区型保育事业机构的托育服务时，原则上托育服务完全免费；在利用认可外保育机构的情况下，原则上可获得不高于 4.2 万日元的托育补贴。[③] 针对 3~5 岁幼儿，利用托儿所、幼儿园[④]、认定儿童园或者地区型保育事业机构的托育服务时，原则上托育服务完全免费；在利用认可外保育机构的情况下，原则上可获得不高于 3.7 万日元的托育补贴。针对家庭年收入低于 360 万日元的子女以及一般家庭第三子（女）以后的幼儿，政府特别在免除其托育服务费用的基础上进一步免除其托育期间副食（菜肴、零食等）费用。通过实施育儿援助新制度，在改革托育服务申请流程、扩大托育服务覆盖范围、丰富托育服务内容的基础上，2019 年 10 月开始实施的托育服务免费政策进一步提高了托育服务的可获得和可负担的普惠性，降低了育儿家庭的育儿支出，对于促进日本人口均衡发展、提高幼儿养育水平具有重大意义。

---

① 每日新聞. 保育無償化認可外「保育必要」世帯に補助，自治体が判断，政府案く[EB/OL].（2018-05-27）[2018-07-15]. https：//mainichi. jp/articles/20180527/ddm/003/010/065000c.

② 一般是指家庭年收入不足 300 万日元，取得住民税免税资格的低收入家庭。

③ 0~2 岁幼儿仅限于住民税非课税家庭子女具有托育服务免费资格是因为该年龄段利用社会化托育服务的幼儿在该年龄段总人口所占比例较少，如果将免费资格扩大到所有利用社会托育服务的幼儿的话，会对居家保育等不利用社会化托育服务的幼儿产生不公平。

④ 幼儿园托育服务费用月免除额上限为 2.57 万日元。

表 5-2 日本幼儿园·托儿所·认可外保育机构·认定儿童园设置基准

	幼儿园	托儿所	认可外保育机构	认定儿童园
职员配置	各年级(原则上 35 人以上)至少配备专任幼儿园教师 1 人	0 岁幼儿:约 3∶1;满 1~2 岁幼儿:约 6∶1;满 3 岁以上幼儿:约 20∶1;满 4 岁以上幼儿:约 30∶1	托育时间在 11 小时以内与托儿所基准相同;托育时间在 11 小时以上应常备托育服务人员 2 人以上	0~2 岁幼儿:与托儿所基准相同;满 3 岁以上幼儿:短托育时间约 35∶1;长托育时间约 20∶1;满 4 岁以上幼儿:短托育时间约 35∶1;长托育时间约 30∶1
职员资格	幼儿园教师资格	保育士资格	约 1/3 以上应为保育士资格或护士资格	0~2 岁幼儿:保育士资格;满 3 岁以上幼儿:幼儿园教师或者保育士资格
设施要求	保育室·游戏室(可兼用);职员室·保健室(可兼用);厕所;洗漱设备;饮用水设备;运动场	保育室或游戏室(满 2 岁以上幼儿);婴儿室或匍匐室(2 岁以下幼儿);厕所;食堂;医务室(满 2 岁以上幼儿);户外游戏场所	保育室;食堂;厕所;洗漱设备	保育室或游戏室;婴儿室或匍匐室(2 岁以下幼儿);食堂;户外游戏场所
园舍	1 年级:180 m^2 2 年级以上:320+100(年级-2)m^2 以上	无规定	无规定	同幼儿园基准
保育室等	保育室数不得低于年级数	0~1 岁幼儿:婴儿室 1.65m^2/人,匍匐室 3.3 m^2/人以上;满 2 岁以上幼儿:保育室或游戏室 1.98 m^2/人	约 1.65m^2/人以上	0~1 岁幼儿:婴儿室或匍匐室同托儿所;满 2 岁以上幼儿:保育室或游戏室同托儿所
户外活动场地	1~2 年级:330+30 * (年级-1)m^2;3 年级以上:400+80 * (年级-3)以上	满 2 岁以上幼儿:3.3 m^2/人以上	无规定	满 2 岁以上幼儿:同托儿所基准;满 3 岁以上幼儿:原则上同时满足托儿所和幼儿园基准
餐食供给	外部采购或幼儿自备	应设置食堂	应设置食堂	应设置食堂(满 3 岁以上幼儿可外部采购)

表 5-3　日本地区型保育事业机构设置基准

机构类型		职员配置	职员资格	保育室等基准	餐食供给
小规模保育事业	A 型	托儿所配置基准+1 人	保育士	0~1 岁幼儿:3.3 m^2/人以上;2 岁以上幼儿:1.98 m^2/人以上	·园内供应(外部采购) ·餐食设备 ·餐食人员
	B 型	托儿所配置基准+1 人	1/2 以上保育士		
	C 型	0~2 岁幼儿:3:1	家庭保育者	0~2 岁幼儿:3.3 m^2/人以上	
家庭保育事业		0~2 岁幼儿:3:1	家庭保育者	0~2 岁幼儿:3.3 m^2/人以上	
企业内保育事业		定员 20 人以上:同托儿所基准; 定员 19 人以下:同小规模保育事业 A、B 型			
居家保育事业		0~2 岁幼儿:1:1	经过必要研修,经市町村长认可达到保育士或保育士同等以上知识或经验者	—	—

资料来源:内閣府.子ども・子育て支援新制度なるほどBOOK[EB/OL].(2018-04-01)[2019-06-24].http://www8.cao.go.jp/shoushi/shinseido/event/publicity/naruhodo_book_2804.html.

第四节　日本育儿援助体系建设的主要内容

一、强化认定儿童园等新型托育服务机构服务能力

2013 年 4 月第二次安倍内阁通过“加速解决待机儿童计划”，以 2013—2014 年为“紧急集中行动周期”增设托育服务机构以满足 20 万名儿童托育服务需求；在此基础上以 2015—2017 年为“加速行动周期”进一步增设托育服务机构以满足约 50 万名儿童托育服务需求，为此，2015 年国会通过总计 5 127 亿日元预算以保障托育服务机构增设计划顺利实施。此后，2017 年 6 月，安倍内阁进一步推出“育儿安心计划”，计划到 2020 年年底继续增加 32 万个托育服务学位，彻底解决“待机儿童”问题。为增加托育服务供给能力，日本政府积极推动在企业内部增设企业主导型保育事业，以缓解企业因员工子女保育问题而造成的劳动力流失问题。值得注意的是，安倍内阁提出的托育服务机构增设计划并非以传统的托儿所为主要目标，而是以认定儿童园和地区型保育事业等新型托育服务机构为增设对象。一方面，从“加速解决待机儿童计划”实施现状来看，2013—2017 年托儿所数量从 24 425 所降低至 23 410 所，而以认定儿童园为代表的新型托育服务机构数量自 2015 年以来由 5 250 所急剧增长至 2017 年的 9 383 所，3 年间增长约 78. 7%。另一方面，从托育服务机构提供的学位总量来看，2013—2017 年由 233. 6 万个增加至 273. 5 万个，增长学位 39. 9 万个，但仍落后于“加速解决待机儿童计划”预期目标。进一步细分，2013—2017 年托儿所提供学位数量由 233. 6 万个降低至 227. 2 万个，减少约 2. 7%；“认定儿童园”等新型托育机构提供学位数量由 2015 年的 24. 4 万个增加至 2017 年的 46. 3 万个，增长 89. 8%。显然，安倍内阁的“加速解决待机儿童计划”实质在于通过实施育儿援助新制度吸引民营企业等多种类型法人，通过增设新型托育机构减少向传统型托儿所投入公共资金，在实现增加托育服务供给资源的基础上达到削减保育福利支出的目的。为促进多种社会力量参与托育服务机构建设，增加托育服务供给能力，按照

2017年“育儿安心计划”安排，日本政府将通过：①在托育服务“公定价格”的基础上增加房屋租赁补贴，向东京都等高房价地区托育服务机构提供房屋租赁补助金，降低托育服务机构运营成本；②针对大规模住宅建设项目，采用“容积率缓和特别措施”放宽住宅建设项目容积率标准，鼓励不动产开发商在住宅建设项目中增设托育服务机构；③推广固定资产税减免等优惠税收政策，提高民营企业参与建设托育服务机构意愿；④结合当地实际情况，灵活运用国有土地、城市公园等闲置土地资源，集约利用空置邮局、学校等空间资源，增加托育服务机构建设资源；⑤鼓励地方自治体、民间团体、志愿者团体参与小规模保育事业、家庭保育事业和居家保育事业，丰富托育服务类型；⑥通过有限放宽幼儿园设置标准等措施，鼓励幼儿园实施小规模保育事业或向认定儿童园转换，促进幼儿园开展满2岁幼儿临时托育服务，增强托育服务供给能力；⑦鼓励企业内部运营的企业主导型保育事业在满足本企业员工托育服务需求的前提下，面向当地居民提供托育服务。从政策的实施效果来看，日本社会的“待机儿童”问题目前依然没有得到根本缓解，2015—2017年“待机儿童”数量由23 167人增加至26 081人，3年间增长12.6%。但是，根据2018年5月《每日新闻》对东京24区以及20个中等规模以上城市的调查结果，大中城市“待机儿童”数量开始呈现出减少趋势，育儿援助新制度以及“加速解决待机儿童计划”正在逐步发挥效果。①

二、多角度实施育儿援助专业人才保障计划

为顺利完成“加速解决待机儿童计划”和“育儿安心计划”，日本政府通过实施“保育士保障计划”，从以下四个方面实施育儿援助专业人才保障计划。②

1. 提高育儿援助从业人员薪酬标准

2013—2016年日本政府通过运用消费税增税财源，连续4年向保育士发放“保育士待遇改善津贴”，年均提高保育士薪资水平约3%。在此基础上，通过

---

① 每日新聞. 待機児童3割減，保育施設増加，「ゼロ目標」は遠く［EB/OL］.（2018-06-22）［2018-07-10］. https：//mainichi. jp/articles/20180622/ddm/001/100/177000c.

② 厚生労働省. 保育士確保プラン［EB/OL］.（2015-01-14）［2018-06-10］. https：//www. mhlw. go. jp/stf/houdou/0000070943. html.

“人事院劝告”等多种手段进一步提高保育士薪资待遇。2016 年保育士月薪标准与 2012 年相比人均增加 26 000 日元，增长约 8%。此后，按照“育儿安心计划”安排，2017 年所有在托儿所等机构从事托育服务的工作人员薪资水平均上调 2%，人均月薪标准再次增加约 6 000 日元。

2. 实施与技能水平、从业经验等职业经历直接挂钩的特别职业津贴制度

针对托育服务行业人员从业时间短、流动性大的特点，2017 年日本政府在增加托育服务人员基本薪酬待遇的基础上，增加发放根据托育服务行业从业经验、技能水平等设定的不同职业技能等级、最高额度为 4 万日元的特别职业津贴①，以消除托育服务行业与其他服务行业薪酬差距，鼓励保育士延长从业时间。② 与特别职业津贴制度相配合，为提高托育服务行业吸引力，拓展托育服务行业职业前景，以各都道府县地方政府为实施主体，面向保育从业人员提供婴儿保育、幼儿教育、残障儿童保育、营养与过敏症状应对、卫生保健与安全对策、育儿家庭支援、管理基础、保育实践等在职研修课程，促进从业人员提高职业技能水平。

3. 拓宽托育服务人才培养（引进）途径

针对高校在校学生，日本政府计划通过提供奖学金、助学金等多种方式吸引他们进入托育服务行业；针对有志从事托育服务的人员，计划通过提供保育技能培训和现场体验等多种方式吸引其进入托育服务行业。在保育士资格考试方面，将保育士职业资格考试由每年举行一次修改为两次、减免保育士资格考生考试费与培训费用；针对拥有社会福利相关职业资格的考生，免除其部分考试科目；针对拥有幼儿园教师资格人员，通过“保育士资格取得特例”方式减免考试科目，促使其顺利取得保育士职业资格。

4. 多角度改善育儿援助从业人员工作环境和保障机制

针对托育服务工作强度大的特点，日本政府计划通过应用 ICT（信息通信技

---

① 按照“育儿安心计划”规定，向累计从业时间满 7 年以上，具备一定经验、技能的托育服务骨干人员（主要为副主任保育士、专门主任）每月提供特别职业津贴 4 万日元，获得津贴人数约占除托儿所所长和主任保育士以外全体托育服务从业人员的 1/3；向累计从业时间满 3 年以上，具备一定经验、技能的托育服务专业人员（主要为各职能部门担当者）每月提供特别职业津贴 5 000 日元。

② 厚生労働省. 保育士等の処遇改善案［EB/OL］.［2018-06-15］http://www.mhlw.go.jp/stf/seisakunitsuite/bunya/0000057741.html,2017.

术）等手段减少托育服务事务性工作，促进提高托育服务行业劳动生产率。针对托育服务工作环境复杂、保育士长期心理紧张的特点，计划通过鼓励托育服务机构组织管理者研修会、从业者经验交流会，增强育儿援助中心对从业人员的支援力度来提高从业人员工作技能，加强机构管理者与劳动者、劳动者之间工作经验交流。在托育服务机构劳动环境建设方面，计划通过提供“劳动环境整备助成金”，促使托育服务机构自主改善劳动环境。此外，为鼓励潜在保育士重返工作岗位，向有意愿重返工作岗位的离职保育士提供 20 万日元“就职准备金”（保育士有效求人倍率较高的地区可达 40 万日元）；因抚养学龄前子女而离职的保育士若重返工作岗位，规定其子女在申请托儿所托育服务时具有优先入园资格，并可向都道府县政府申请子女托育费贷款援助。

三、多途径提高育儿家庭支援力度

在正规托育服务周边建设方面，针对双职工家庭子女，计划在 2019 年以前增设 2 万所“课后俱乐部”提供 30 万个学位，鼓励地方自治体、民间团体、志愿者等多种力量参与“课后俱乐部”建设，并计划向“课后俱乐部”儿童提供饮食、生活习惯教养等多种形式的课后支援活动，以衔接正规托育服务。在保育假期与保育津贴方面，通过 2016 年修改《保育・介护休业法》将长期“保育休业”期间由现行的 1 年半延长至 2 年，将“保育休业给付金”给付期间同时延长至 2 年，以保障保育期间家庭收入。此外，将短期保育休假由以 1 天为单位改革为以半天为单位，在职劳动者可以依据家庭子女实际情况（如疫苗接种、疾病等），分多次申请每年最长为 5 天（多子女 10 天）的保育休假。

综上所述，从日本育儿援助制度的改革与发展现状来看，尽管面临着政府财政投入快速增长、“待机儿童”问题等一系列挑战，但育儿援助新制度通过增强托育服务市场供求双方自主选择权，较好地实现了政府、社会力量以及家庭在幼儿养育问题上的责任分担，并充分运用政府的监督与调控职能保证了托育服务质量和公益属性，有效地提高了托育服务的可获得性、可负担性，普惠性的托育服务在日本社会保障体系中的作用日益突出。

（海南医学院　张　建）

第六章　日本的儿童医疗保障制度[①]

世界卫生组织（WHO）在2019年的《世界卫生报告》中，从医疗水平、接受医疗服务的难度、医药费负担公平性等方面对世界各国的医疗体系进行了综合比较。根据“高品质的医疗服务”“医疗负担的平等程度”“国民平均寿命高”等指标，日本再次排在第一位；而根据联合国儿童基金报告，日本儿童健康水平第一，死亡率低，且偏瘦人数极少，日本儿童的肥胖率也是41个发达国家中最低的。日本医疗保险专家岛崎谦治指出，日本儿童近乎免费的医疗保障制度是关键因素。本章先介绍日本的医疗保险制度，然后再重点介绍日本儿童医疗保障制度及实施现状。

第一节　日本医疗保险制度概述

一、日本医疗保险制度构成

日本的医疗保险制度（如图6-1所示）可以分为三大类，分别是后期老年人保险、职工医疗保险[②]和国民健康保险。

1973年日本实现了老年人免费医疗保险制度，但是因为经济危机、财政困难等很快被取消了。1983年建立了老年人保健制度，经过几十年的改革，2008年建立了以75岁以上老年人为保障对象的后期老年人保险（简称老年保）。2019年老年保参保者为1 690万人，医疗费用支出在所有保险中最高，为15.4兆日

① 本章内容为辽宁省社会科学基金“辽宁省医疗保险和照护保险的基金整合问题研究”（217CSHO06）的研究成果。

② 日语为“被用者保险”，相当于中国的在职职工医疗保险，以下简称为职工医疗保险。

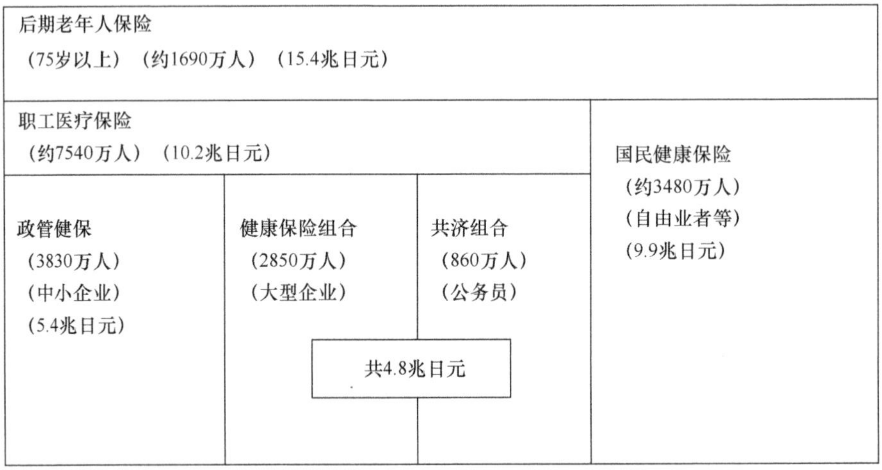

图 6-1　日本医疗保险制度体系（2019 年）

资料来源：厚生労働省．我が国の医療保険について［EB/OL］.（2020-02-02）［2020-02-02］. https://www.mhlw.go.jp/stf/seisakunitsuite/bunya/kenkou_iryou/iryouhoken/iryouhoken01/index.html.（笔者整理制作）

元。老年保的资金来源除了老年人缴纳的保险金，还包括公费和援助金。公费按照国家、都道府县和市町村分别负担原则，比例为 4∶1∶1。2019 年公费支出为 7.3 兆日元，援助金支出为 6.4 兆日元（国民保 1.6 兆日元、政管保 2 兆日元、健康保与共济保 2.8 兆日元）。

职工医疗保险以劳动者为保障对象，主要保险金由企事业单位和个人分别承担。厚生劳动省公布的 2019 年数据显示，职工医疗保险的参保者为 7 540 万人，由于日本是以家庭为单位进行参保的，参保人除了工作者本人，还包括其被抚养人（妻儿等直系亲属），所以日本的儿童是随同父母加入同一医疗保险制度的。职工医疗保险又分为三小类，第一类是以中小企业职工为参保对象的政管健保（简称政管保），其中，政管保参保者为 3 830 万人（被抚养人为 1 549 万人），医疗费用支出为 5.4 兆日元；第二类是以大型企业职工为参保对象的健康保险组合（简称健康保），健康保参保者为 2 850 万人（被抚养人 1 349 万人）；第三类是以公务员为参保对象的共济组合（简称共济保），共济保参保者为 860 万人（被抚养人 434 万人），健康保和共济保的医疗费用支出总额为 4.8 兆日元。

国民健康保险（简称国民保）相当于中国由新型农村合作医疗和城市居民医疗合并后的城乡居民基本医疗保险，以学生、个体经营者、无收入者等弱势人群为保障对象，相对职工医疗保险，国民保的保险金缴纳不稳定，所以其资金来源除保险金外，还有国家的财政补贴和职工医疗保险的援助金等。2019 年国民保参保者为 3 480 万人，医疗费用支出为 9.9 兆日元，其中有 0.2 兆日元是退休者支付金。[①] 国民保的实施使日本在 1961 年实现了医疗保险制度的全国性普及。

二、日本各医疗保险制度的比较

1. 日本各医疗保险制度的比较

日本的医疗保险制度按照参保人不同可以分为五类，分别是政管保、健康保、共济保、国民保和老年保。以厚生劳动省 2017 年的分析数据为例（见表 6-1）来比较各医疗保险制度的不同。

表 6-1　　日本各医疗保险制度的比较

	政管保	健康保	共济保	国民保	老年保
参保人数/万人（2017）	3 639	2 913	884	330	1 577
平均年龄/岁（2017）	36.7	34.4	33.2	51.5	82.3
人均收入/万日元（2017）	142	207	230	86	83
人均保险金/万日元（2017）	10.7	11.8	13.9	8.5	6.9
人均医疗费/万日元（2017）	16.7	14.9	15.2	33.3	93.2
公费负担预算/日元（2017）	1.22 兆	739 亿	无	4.3 兆	7.3 兆

资料来源：厚生労働省．子どもの医療の費用負担の状況［EB/OL］.（2017-09-02）［2020-02-02］. https://www.mhlw.go.jp/file/05-Shingikai-12401000-Hokenkyoku-Soumuka/0000096264.pdf.

从参保人数来看，以中小企业职工为参保对象的政管职工医疗保险的人数最多，为 3 639 万人；其次是以大型企业职工为参保对象的健康保，为 2 913 万人。

从平均年龄来看，以 75 岁以上老年人为参保对象的老年保人员平均年龄最高，为 82.3 岁，也是患病率最高、医疗费用最高的群体；其次是以自由业者等为参保对象的国民保，人员平均年龄为 51.5 岁；以公务员为参保对象的共济职

① 退休者交付金中健康保险组合和共济组合的转移支付补助金为 0.1 兆日元，政管健保的转移支付补助金为 0.1 兆日元。

工医疗保险人员平均年龄最小，为 33.2 岁。

从年度人均收入来看，以公务员为参保对象的共济保人均收入最高，为 230 万日元；其次是以大型企业职工为参保对象的健康保，人均收入为 207 万日元。这两类保险的参保人平均年龄都是比较小的，可以说是收入很高而患病率却很低的两个强势群体。人均收入最低的是老年保，人均收入为 83 万日元，其次是国民保，人均收入为 86 万日元。这两类保险是人均收入低、平均年龄高、患病率高的弱势群体。

从年度人均保险金来看，收入较高的共济保和健康保的年度人均保险金也是排在前两位的，分别是 13.9 万日元和 11.8 万日元，体现了日本医疗保险的再分配型的筹资性质。从人均医疗费来看，老年保的人均医疗费是最高的，为 93.2 万日元，日本政府在 2017 年设定的 2019 年的公费负担预算也是最高的，达到 7.3 兆之多。从中可以看出，日本的医疗保险制度整体都是向患病率高、收入低的老年人群倾斜。人均医疗费排在第二位的是国民保，设定的 2019 年的公费负担预算也是仅次于老年保，达到 4.3 兆。

从以上数据可以看出，日本医疗保险制度在整体设计上，针对患病率高、收入低的弱势群体给予了低保险金和公费的大量投入；针对患病率低、收入高的人群则是较低的公费投入，并征收相对较高的医疗保险金，以此来维持各医疗保险制度之间的平衡，确保各类人群之间的公平性。

2. 日本医疗保险差异化的负担模式

日本的医疗保险根据人群不同也采用了差异化的负担模式。如图 6-2 所示，各个医疗保险基本都采用了 30%个人负担、70%报销的模式。但是按照年龄和人群的不同，个人负担比例有所不同。

首先，入学前儿童①为 20%个人负担、80%报销，参加了儿童医疗补助制度的，在此基础上还可享受医疗补助，所以日本的大部分地区已经实现了儿童医疗的免费。其次，70 岁以上老年人群中的低收入者可以享受 20%个人负担、80%报销。75 岁以上老年人群中的低收入者可以享受 10%个人负担、90%报销。在日

① 原则上为 6 岁前，入学前，但是随着少子化的加剧，大部分地区在逐年提升年龄，部分地区已经实现到高中为止都享受 20%负担的优惠。

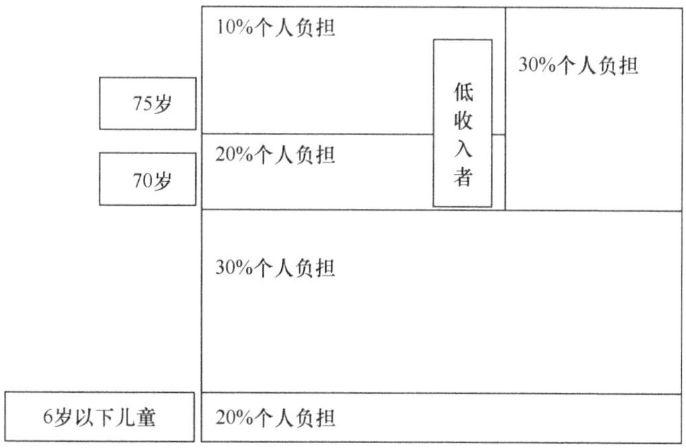

图 6-2　患者负担的医疗费比例（2019 年）

资料来源：厚生劳働省．子どもの医療の費用負担の状况［EB/OL］．(2017-09-02)［2020-02-02］．https://www.mhlw.go.jp/file/05-Shingikai-12401000-Hokenkyoku-Soumuka/0000096264.pdf.

本，无论何时何地何种等级的医院，患者都可以按照以上比例的负担模式，没有跨地域差异和医院等级差异。

日本采取的是以家庭为单位，同需同治、按能力缴费的递延型缴费模式，即以家庭为单位参保，全家享受同等水平的医疗保险待遇，家庭内部无差异。医疗保险的缴费金额以全家的收入为基数计算，收入越高缴费金额越高。日本对婴幼儿和儿童基本实现了全国范围的免费医疗保险制度，不仅门诊住院免费，而且药品药物也是免费的。本应由个人负担的 30%，会由各地方政府财政负担。

第二节　日本儿童医疗保障制度概述

一、儿童免费医疗保障制度的形成背景

1. 岩手县儿童医疗补助制度的成功

1961 年日本实现了医疗保险制度的全民覆盖，实现了医疗保险的普惠性。

但是更多的学者认为医疗保险只有普惠性是不合理的，应该对婴幼儿和老年人等患病率较高群体给予特殊优待。1961 年岩手县沢内村（日语为“西和賀町沢内”）率先实行了儿童医疗补助制度，即儿童免费医疗保险制度。1957 年东京都的婴幼儿死亡率（即未满 1 岁的婴幼儿死亡比率）全国最低为 25.7‰，岩手县是当时全国婴幼儿死亡率最高的地区，为 66.4‰，因寒雪、医疗环境恶劣的岩手县沢内村的婴幼儿死亡率高达 69.6‰。在深沢晟雄村长的带领下，1957 年沢内村实行了婴幼儿的免费定期健康检查，并开展了婴幼儿死亡率减半运动，1959 年，婴幼儿死亡率下降到 26.3‰。1961 年依据国民健康保险规定，看病需要自己负担 50%，沢内村通过地方财政支援实现了婴幼儿就诊的零负担，即免费的儿童医疗保险制度。实施后的一年，1962 年全村共出生 133 个婴儿，到 1963 年 1 月 1 日凌晨 12 点为止没有一个婴幼儿死亡，由此创造了全日本第一个婴幼儿死亡率为 0‰的历史奇迹。

岩手县儿童免费医疗保险制度的成功，很快在日本全国掀起了改革浪潮。1965 年青森县效仿岩手县，对国民健康保险加入者给予地方财政补助，儿童医疗费用支出中个人负担部分，由地方财政以补助的形式全额负担，被称为儿童医疗补助。1967 年福岛县也进行了同样的医疗补助制度改革。1972—1974 年，相继有 42 个都道府县，加入儿童医疗补助制度改革行列，1993—1994 年增加到 47 个，到 2000 年基本实现了全国范围内的儿童医疗补助制度的全覆盖。

2. 厚生劳动省的实地调研

2005 年日本内阁对日本 20～49 岁的女性进行了调研，从调研结果来看，69.9%的女性认为，在育儿过程中最为重要的是医疗补助金，儿童医药费的免除是重中之重。从日本人均医疗费用来看（见表 6-2），0～4 岁儿童人均支出为 178 521 日元，在 60 岁以下人群中位居第一位，而且如果儿童疾病得不到及时治疗，很可能危及生命或者造成终身病痛；所以，为了确保儿童的健康成长，免费的儿童医疗保险制度极其重要。在这样的背景下，日本各都道府县不仅贯彻执行了地方财政补助政策，而且补助的年龄范围逐年扩大，从婴幼儿扩展到高中毕业为止。

表 6-2　　　　2006 年日本不同年龄段人均医疗费用支出情况

年龄段/岁	医疗费用/日元
0~4	178.521
5~9	89.551
10~14	68.424
15~19	54.112
20~24	50.950
25~29	62.990
30~34	72.147
35~39	78.342
40~44	86.717
45~49	105.637
50~54	136.184
55~59	171.240

资料来源：厚生労働省．医療保険医療費でデータベース［EB/OL］.（2020-01-30）［2020-02-02］. https://www.mhlw.go.jp/bunya/iryouhoken/iryouhoken14/.

二、儿童医疗保障制度的构成及现状

1. 儿童医疗保障制度及现状

日本的儿童医疗保障制度由两部分组成，一部分是医疗保险制度，另一部分是儿童医疗补助制度。儿童的医疗保险制度，是儿童作为家庭的一员、以家人的身份和父母加入同一保险，可以是职工医疗保险或者国民健康保险。

儿童保险金根据其父母加入的保险种类不同而不同。以国民健康保险为例，全家的医疗保险号为同一个医疗保险号，缴费金额也相同。父母工作收入较低者每个月人均保险金为 1 200 日元左右。

日本的医疗保险的报销比例是 70%，儿童医疗保险的报销比例是 80%，但是儿童都可以申请医疗补助证①，根据地域和年龄不同，儿童医疗费需要个人负担

① 医疗补助证由日本居民所在地的区役所颁发，凡在日本居住的婴幼儿均可凭借医疗保险证领取（详细内容请见 111 页）。

的20%都可由所在居住区的地方财政按照比例负担。除部分地区会象征性收取门诊费用以外，日本儿童所有的医疗基本都是全额免费的。

根据2019年日本厚生劳动省公布的数据（见表6-3），2018年度日本职工医疗保险中以家人身份参保的6岁以下儿童为5 988 860人，年度累计医疗支出费用为12.285 7兆亿日元。2018年度国民健康保险中以家人身份参保的6岁以下儿童为177 354人，年度累计医疗支出费用约为1 480亿日元。从日本全国来看，日本6岁以下儿童有6 166 214人加入了医疗保险，2018年度的累计医疗支出费用为12.433 7兆亿日元。

表6-3　　2018年度日本学前儿童医疗保险的覆盖情况

2018年4月至2019年3月	入学前儿童（6岁以下）	
	职工医疗保险（家人身份）	国民健康保险（家人身份）
参保人数（2019年3月）	5 988 860人	177 354人
年度累计医疗支出费用（日元）	1 228 570 896 325 约12.285 7兆亿	148 030 865 651 约1 480亿

资料来源：厚生労働省．医療保険医療費でデータベース［EB/OL］.（2020-01-30）［2020-02-02］. https://www.mhlw.go.jp/bunya/iryouhoken/iryouhoken14/.

2. 儿童医疗补助制度及现状

（1）儿童医疗补助制度

日本的儿童医疗补助制度是建立在医疗保险制度基础上的补助制度。日本的医疗保险是以家庭为单位，所以儿童医疗保险都是随同家长加入同一医疗保险制度。随着父母是否有固定工作而定，可以加入职工医疗保险或者国民健康保险。父母双方或一方为职工医疗保险时，儿童以家族成员身份加入职工医疗保险。如果父母双方都没有工作，即没有加入职工医疗保险，需要随同父母一同加入国民健康保险。无论加入职工医疗保险还是国民健康保险，儿童保险金的计算都依据家庭前一年的收入和税金缴纳程度而有所不同。例如，三人之家父母没有缴税即收入较低者，国民健康保险家庭2019年每个月的保险金为每人1 200日元左右。

医疗补助证在申请的时候，根据各地区具体财政情况略有不同。在东京23区，无论儿童家庭收入多少，是日本人还是外国人，只要具有医疗保险证都可以申请到医疗补助证，而且是全额免费，个人不需要负担任何费用。而在其他都道府县地区，根据儿童家庭的收入情况，医疗补助证的补助要求有所不同。例如千叶县随着儿童家庭收入的变化而变化，收入较低者可全额免费，收入略高者会被象征性地收取少额的门诊费用。但一般门诊一次或者一天的收费标准为100~200日元。如果门诊花费超过300日元，那么这个家庭上一年的收入肯定是比较高的。所以，若将少额的门诊费忽略不计的话，可以说，日本的儿童医疗保险制度几乎是免费的。

（2）儿童医疗补助制度的覆盖情况

儿童医疗费20%个人负担的医疗保险模式已经覆盖日本全国，不仅如此，儿童医疗补助制度也已经覆盖了全国47个都道府县（见表6-4），在20%个人负担的基础上儿童家庭都可以进一步申请医疗补助。申请医疗补助时，有的地区有收入限制，有的地区没有收入限制。目前有收入限制的是30个县，没有收入限制的是17个县。

表6-4　　　　儿童医疗补助制度普及现状

年龄	实施的都道府县数量/个	
	门诊	住院
	47	47
3岁以下	3	0
4岁以下	4	1
5岁以下	1	0
就学前	25	22
9岁年度末	3	3
12岁年度末	5	8
15岁年度末	5	12
18岁年度末	1	1

资料来源：笔者根据日本厚生劳动省资料①整理制作。

① 厚生劳働省. 子どもの医療の費用負担の状况.（2017-09-02）［2020-02-02］. https：//www. mhlw. go. jp/file/05-Shingikai-12401000-Hokenkyoku-Soumuka/0000096264. pdf.

申请医疗补助后，有 39 个县设定了较低水平的个人负担额度；有 8 个县已经完全实现了免费，患儿看病不需要其他任何费用，几乎所有疾病的诊疗或者住院都能免费，而且不管在私人医院还是在公立医院治疗都全额报销，即申请医疗救助后不再需要个人负担任何医疗费。

各个都道府县根据自己的实际财政状况，将儿童医疗补助对象的范围从婴幼儿逐步扩大到小学毕业、初中毕业和高中毕业。

从诊疗的医疗补助来看，福岛县提升到 18 岁，即到高中毕业为止都可以享受儿童医疗补助。东京都和群马县等 5 个县提升到 15 岁。秋田县和三重县等 5 个县提升到 12 岁。千叶县、福井县和茨城县 3 县提升到 9 岁。北海道、青森县和岩手县等 25 个县都实现了覆盖学前儿童，即到 6 岁左右。新潟县、宫城县和大阪府目前是儿童医疗诊疗补助时间最短的 3 个县，年龄设定为 3 岁以内。

从住院的医疗补助来看，只有熊本县设定为 4 岁以内。青森县、岩手县和山形县等 22 个县都设定为学前的 6 岁以内。长野县、茨城县和福井县设定为 9 岁以内。北海道、秋田县和新潟县等 8 个县设定为 12 岁以内。山形县、群马县和千叶县等 12 个县设定为 15 岁以内。福岛县设定为 18 岁以内。整体来看，在儿童住院的补助上，全国补助的时间都较长，46%的地区都实现了学前儿童的住院医疗补助，44%的地区已经将住院医疗补助扩展到了青少年阶段。

（3）儿童医疗补助额度

根据 2015 年国民健康保险的数据来看（见表 6-5），有 1 395 个市町村的 6 岁以下儿童获得了国民健康保险的儿童医疗补助金，年度补助金额为 79.2 亿日元。有 1 154 个市町村的小学生以上儿童也获得了国民健康保险的儿童医疗补助金，年度补助金额为 35.7 亿日元。以东京都三鹰市为例，三鹰市对 15 岁以下儿童实施医疗补助，根据家庭收入不同补助金额有所不同，是东京都内相对补助金发放较为严格的地区。但是 2016 年，三鹰市依然有 19 285 名儿童获得了医疗补助金，年度补助金额为 5.45 亿日元。①

① 厚生労働省．第 3 回子どもの医療制度の在り方等に関する検討会（三鷹市）［EB/OL］.（2016-01-27）［2020-09-19］. https://www.mhlw.go.jp/file/05-Shingikai-12401000-Hokenkyoku-Soumuka/0000110407.pdf.

表 6-5　　2015 年国民健康保险儿童医疗救助情况

	儿童	
	婴幼儿（6 岁以下）	小学生以上
年度补助金额/日元	79.2 亿	35.7 亿
市町村数量/个	1 395	1 154

资料来源：厚生労働省．子どもの医療の費用負担の状況［EB/OL］.（2017-09-02）［2020-02-02］. https://www.mhlw.go.jp/file/05-Shingikai-12401000-Hokenkyoku-Soumuka/0000096264.pdf.

另外，从日本 2019 年的财政预算来看，日本针对母子保健的预算为 215 亿日元，小儿慢性病及难病的预算为 2 089 亿日元，对养育儿童的整体预算支出为 6 526 亿日元，是社会保障整体预算中占比最大的，足以表明日本对儿童健康的重视程度。

三、儿童医疗相关辅助政策

1. 母子手册制度

日本在全民中倡导早期发现早期治疗，所以日本针对儿童的医疗保障是从孕期开始的。《母子保健法》第十六条第一项规定，市町村需要给怀孕者发放母子手册。母子手册附带孕期生长记录、儿童成长记录、疫苗接种记录、育儿指导记录等。作为育儿的重要资料，母子手册会伴随每个孩子的一生。在母亲确认怀孕之后就可以到居住地的区役所领取母子手册，母子手册中附带孕期所需的所有体检目录及检查票，凭借这些检查票可以做产检。依据《母子保健法》第十三条①，国家需要提供至少 14 次②的免费孕期产检。

除此之外儿童接种疫苗也是免费的，母子手册会详细记载什么时候应该接种疫苗、已经接种了什么疫苗、儿童成长情况等。母子手册可以让儿童的健康情况一目了然，母子手册上记载的儿童健康情况和接种疫苗情况，是申请日本托儿所、幼儿园、小学等入学的必要资料。

① 《母子保健法》第十三条规定市町村需要向孕妇及婴幼儿提供必要的健康检查。

② 怀孕初期到怀孕 23 周需要每月一次产检，怀孕 24 周到 35 周需要两周一次产检，怀孕 36 周后一周一次产检，共需要 14 次产检。

2. 孕前产前咨询及培训

在日本各地区设有孕产妇地区综合支援服务中心（相当于中国的妇幼保健所）和育儿援助服务中心，其下设保健所、儿童咨询所、育儿援助机关及相关民营机构等，对备孕妈妈和不孕妈妈提供免费的咨询服务，帮助不孕妈妈分析不孕原因，并提供可参考的解决方案。孕期妈妈不仅可以享受免费的产检，还可以免费学习各种孕期知识及育儿知识。领到母子手册之后，居住地的区役所会把所有培训日程发给孕期妈妈，孕期妈妈可以根据自己的时间预约听课，很多课还需要爸爸妈妈共同来听，并实际演练操作过程，比如让爸爸妈妈体验孩子 5 个月大时肚子的重量、如何胎教、如何给宝宝洗澡等。随着课程的学习，新手妈妈不再焦虑，能够更好更正确地面对生产和育儿，对产前恐惧及产后忧郁也有很大的帮助。妈妈的心态和健康直接影响宝宝的健康情况，所以日本的产前培训也是提高日本儿童健康水平的重要举措。

3. 产后随访

各市町村设有产后护理体系，宗旨是为了确保产后母子的身心健康，使母亲更好地养育孩子。产后所在居住地的区役所还会对婴儿及母亲的身体状况进行随访，会提前和家人预约，咨询妈妈是否有产后问题、是否需要帮助，还会亲自过来给孩子进行身高体重测量，并进行简单的体检，以确保母子的健康状况。针对产后问题或者育儿困难需要帮助的家庭（需要住院治疗的除外），区役所会提供护理场所[①]由专业的助产师、保健师和看护师等加以指导，内容包括母子护理、育儿指导、身心辅导等。在婴幼儿的成长过程中，区役所都会有专职人员定期随访，一直到孩子成年为止。特别为预防产后抑郁症等情况发生，专职人员会定期给妈妈做心理咨询，以便及时发现问题及时解决。这样的产后护理体系，对防止产后抑郁、防止虐待儿童、防止自杀等都具有积极作用。

4. 未熟儿[②]的特殊医疗补助

未熟儿的特殊医疗补助是根据《母子保健法》第二十条和第二十一条第三

① 一般有两种类型，第一种为可容纳约 6 名参与者的住宿型，第二种为可容纳约 20 名参与者的日间型。

② 未熟儿：指出生时体重在 2 千克以下、生活能力较弱、相对正常婴儿发育不完善者。

项规定，在1968年开始实施的。其主要目的是给予未熟儿在看病就诊及住院费用上的补助。患者个人负担部分享受50%的补助，补助金分别由国家（1/2）、都道府县（1/4）和市町村（1/4）负担。该补助需要在厚生劳动大臣或都道府县知事指定的定点医疗机构办理，补助的项目有：①诊疗支付；②药剂和治疗材料的支付；③医学处置及手术等支付；④疗养康复等支付；⑤移送过程费用支付。该项政策是针对早产儿等问题儿童家庭的特殊照顾，避免此类家庭陷入看病贵、看病难的困境，并有效缓解因病致贫家庭的产生。

5. 儿童定期体检

《母子保健法》第十二条规定，市町村需要针对1岁半和3岁的婴幼儿实施全面的免费健康体检。1岁半儿童的健康体检内容包括：身体发育状况、营养状况、脊柱及胸廓疾病、皮肤疾病、齿科和口腔疾病、四肢运动有无异常、精神发展状况、言语障碍、疫苗接种情况、育儿问题及现状、其他疾病等11项。2017年有978 834位1岁半儿童接受了免费体检，体检率为96.2%。①

3岁儿童的健康体检内容除1岁半儿童的所有体检内容之外，还增加了眼睛疾病检查和耳鼻喉疾病检查。2017年有984 233位3岁儿童接受了免费体检，体检率为95.2%。没有按时进行体检的家庭，居住地所在市町村会进行电话咨询和家访来确认孩子的生长发育现状。

日本对儿童的定期体检可以说是全方位的身体检查，包括牙齿的管理、饮食合理性、语言发育能力、沟通能力等，每次的体检最少也要半天时间，指导人员会耐心和细致地讲解。例如会亲自教新手妈妈如何给婴幼儿刷牙，并讲解刷牙的必要性，如果发现有蛀牙倾向会及时给予治疗；在饮食方面会做家庭调研，在发现儿童饮食的不合理性时会给予纠正；会手把手地教小朋友如何和大人沟通，如何更好地看书，还会定期举办看书会。日本儿童体检的具体规范和有效执行确保了儿童疾病的早期发现和早期治疗。在儿童婴幼儿时期就能及时发现各种成长性疾病，有效防止治疗不及时现象的发生，并通过各种家庭指导促进儿童刷牙及合理膳食习惯的养成，为儿童的健康成长打下良好的基础。

---

① 厚生労働省. 地域保健・健康増進事業報告の概況［EB/OL］.（2020-03-31）［2020-09-19］. https://www.mhlw.go.jp/toukei/saikin/hw/c-hoken/17/dl/gaikyo.pdf.

6. 健康母子 21 计划

日本健康母子 21 计划是母子保健的国民运动计划，分为两个阶段。第一个阶段是 2001 年到 2014 年，第二阶段是 2015 年到 2024 年，目标是在 21 世纪构建让所有孩子都能健康成长的社会。该计划在厚生劳动省和文部科学省共同指导下，由医疗机关、企业、NPO、地方公共团体、研究机构、学校、健康母子 21 计划推进协议会共同协作完成。该计划包括三项基础课题和两项重点课题。三项基础课题分别是：（1）孕产妇和婴幼儿的保健对策；（2）学童期、思春期到成人期的保健对策；（3）保护孩子健康成长的环境构建。两项重点课题分别是：（1）对育儿困难父母的援助；（2）孕期开始的儿童虐待防止对策。

这些课题中，与儿童医疗密切相关的是基础课题 A。该课题有三项指标，分别是健康水平指标、健康行动指标和健康环境配备指标。①

健康水平指标有：①产妇死亡率；②低体重出生儿的比例；③对怀孕和生产的满意度；④3 岁没有虫牙的儿童比例。健康行动指标有：①孕产妇的禁烟率；②育儿期间父母双方的禁烟率；③怀孕及备孕期间孕妇的禁酒率；④婴幼儿的体检率；⑤了解小儿紧急救援电话咨询的家庭比例；⑥有固定儿童医生（医师和牙医）的家庭比例；⑦能使儿童养成正确刷牙习惯的父母比例。健康环境配备指标有：①通过问卷调查等，能够正确掌握孕妇的身体状况、精神状况和自然情况的市町村比例；②通过专业院校毕业的专业人员，能够对孕产期的产妇或其家人进行孕期和产后做保健指导的市町村比例；③具有对高风险婴幼儿出院后早期随访体制的市町村比例，拥有对高风险婴幼儿早期援助的保健设施的市町村比例。

通过这些指标的达成来实现基础课题 A 的目标，即构建安心和安全的怀孕、生产、育儿一体化的保健对策。通过各项课题目标的达成，最后实现在 21 世纪构建让所有孩子都能健康成长的社会总目标。

健康母子 21 计划充分体现了日本对儿童健康的重视度，从儿童的成长环境着手，先完善儿童的家庭环境，再完善儿童的生活成长环境，最后达到改善整体社会环境的目标，为促进儿童的健康成长构建有爱的家庭和有爱的社会。

---

① 健康环境配备不仅指怀孕期间孕妇的个人生活状况和精神状况，还包括家庭健康环境和社区环境。社区环境包括相关专业人员的配备和应急设施的配备。

第三节　日本儿童医疗保障制度的实施

一、医疗保险证申请流程

1. 儿童医疗保险证的申请

儿童诞生之后即可凭借出生证明在居住地的区役所办理在留卡（居民证），在留卡可随时办理。凭借在留卡，父母加入的是职工医疗保险的家庭，可以在所在单位申请儿童医疗保险证。父母加入的是国民健康保险的家庭，可前往居住地社区的健康保险窗口，申请儿童医疗保险证，儿童医疗保险证和父母的保险号为同一保险号码。申请的儿童医疗保险证，多以邮寄的方式寄到所登记的家庭地址，以确保家庭地址的真实性和准确性。儿童加入医疗保险后，社区的财务部门会派人调查父母前一年的收入情况和纳税情况从而计算医疗保险金的额度。计算完成之后会和父母的保险支付单一同按月邮寄到登记的家庭地址。收到支付单后，在有效期内儿童家庭可以在邮局或者任何一家便利店完成支付；如果延期支付，将根据延期的时间长短产生罚金。为了避免支付的烦琐性，可以在申请儿童医疗保险证的同时申请银行自动定期支付。儿童的医疗保险证随同父母的医疗保险证定期更新，更新后的医疗保险证，会在上一张医疗保险证到期之前邮寄到家庭地址。原有的医疗保险证，需要用社区提供的免费邮寄信封，邮寄返还给社区保险科。如果是外籍人员，在签证到期或者离开日本时，医疗保险证将自动停止不再更新。

2. 儿童医疗补助证的申请

本人或者父母需要到居住地的区役所申请，通过所持医疗保险证，都可申请到儿童医疗补助证。凭此儿童医疗补助证，本应由个人自费负担的 20% 额度的医疗费用，也由所在居住地的地方财政依据财政状况按一定比例支付。

申请儿童医疗补助时根据各地区要求不同，需要携带父母印章、银行账户、个人番号[①]等证件。儿童医疗补助的财政支出都由地方财政负责，所以在社区所在地区的都道府县可以直接使用，不需要任何报销手续。但是在异地都道府县就医时无法直接使用，需要携带异地就医发票、个人印章、银行账户等证件到居住地社区进行报销，审查合格后由居住地的社区把医疗费用给付到儿童父母的账户中。

儿童医疗补助证的期限和医疗保险证一致，医疗保险证更新时，儿童医疗补助证会自动更新，在期限到达前由所在地社区邮寄到家庭地址。

日本儿童在就医时除出具医疗保险证外，还需要出具儿童医疗补助证，才能享受几乎免费的儿童医疗保险制度。

二、儿童就诊体系

日本儿童的就诊圈可分为三个层次：分别是一次医疗圈（第一等级的就诊）、二次医疗圈（较高等级的就诊）、三次医疗圈（最高等级的就诊）。一次医疗圈多指首诊，原则是在自己的居住地，以市町村为单位；二次医疗圈是指针对需要紧急住院和紧急手术的儿童，提供具有较高专业水准医疗服务的医疗圈；三次医疗圈是指针对重症患病儿童、针对紧急救命提供高度专业化医疗服务的医疗圈。除了以上三个就诊圈外，日本还有儿童救命救急体制和普通就诊体系。

1. 儿童救命救急体制

日本 2011 年创设了儿童救命救急中心运营事业（儿童抢救中心），包括儿童救命救急中心[②]和儿童集中治疗室。目的是建立在日本任何地区都能向重症患病儿童提供紧急治疗的体制。该体制由四部分构成，首先，在儿童发病时可以拨打儿童救急电话#8000 咨询，目前 47 个都道府县都已经完成有关设置，2013 年共收到 568 204 通咨询电话，到了 2019 年增加到 1 022 093 通咨询电话[③]，近乎翻倍。通过电话咨询专业人员可以给予家长如何就诊的建议，而且根据实际情况还

---

① 个人番号是日本特有的税金一体化的产物，每个人都有自己的个人税号，根据个人番号的查询可掌握个人的所有信息，包括收入、税金支付情况、家庭现状、个人信用等，所以除家人及政府部门需要外，不会轻易提供给他人。

② 儿童救命救急中心是整体概念，各地区根据儿童紧急程度的不同，名称略有不同，具体见下文。

③ 厚生労働省 . #8000 全国相談件数［EB/OL］.［2020-09-19］. https://www.mhlw.go.jp/topics/2006/10/tp1010-3.html.

可以申请提供交通支援，前往最适合的医疗机构。其次，进行初期儿童救急就诊，即前往各地区的儿童初期救急中心进行救治。再次，如果需要进行紧急治疗手术等，可以马上前往 24 小时制的救急型地区儿童中心医院①抢救。最后，如果地域儿科中心医院依然无法应对，则可申请更高级别的医疗服务，通过介绍信，前往 24 小时制的儿童中心医院②申请最高级别的抢救。

2. 日本儿童的普通就诊体系

基层诊所在日本可谓星罗棋布，在日本的城市规划中，车站附近都会有各种专科门诊，包括儿科门诊，所以任何儿童在自己的生活圈都可以方便就诊。这些诊所负责对患儿进行初诊，如果患儿病情需要进一步诊疗，需要初诊诊所出具介绍信后去大型综合医院就诊。如果没有介绍信则需要额外支付 5 000 日元左右。除此之外，基层诊所还承担了全部的预防接种任务，通过提前预约，儿童可以在生活圈任何儿科门诊接种疫苗。国家计划预防接种项目对个人也是完全免费的，一般由医疗机构和国民医疗保险机构直接结算，个人不需要负担任何费用。

在日本的基层诊所和大型综合医院就诊时都需要凭借医疗保险卡进行预约，如果是初次诊疗可以不用提前预约。就诊时需要出示医疗保险卡，儿童还需出示医疗补助证，若没有携带医疗补助证，儿童需要个人负担 20%的费用。出示医疗保险卡和医疗补助证后，在窗口由护士指导填写健康问卷，并拿号排队就诊。在健康问卷上会要求填写患儿姓名、体重、身高、以往病史、父母以往病史、今日病情具体情况等。问诊阶段基本不会安排抽血化验及 CT 检查等，这些检查多用于重病或需住院患者，特别是对儿童的问诊，多以中医式的听和看为主。另外，除非住院，一般不会给患者进行输液治疗。

例如医生对感冒患儿问诊时，首先看口腔，确认舌头颜色和咽喉状况；其次看耳朵，看耳朵颜色变化是否有中耳炎倾向；再次听心肺，确认呼吸状况与心跳

---

① 截至 2015 年 4 月 1 日，有 161 个地区设立了儿童救急医疗支援事业，有 46 个地区设立了儿童救急医疗据点医院。

② 截至 2015 年 4 月 1 日，有 8 所儿童救命救急中心。分别为筑波大学、国立成育医疗研究中心、东京都立小儿综合医院中心、长野县立儿童医院、静冈县立儿童医院、四国儿童和大人的医院中心、九州大学医院、熊本红十字医院。

等。门诊医生通过这样的初步检查就可以确认患儿病情并开处方药。如果是流行性感冒需要特别重视时，也只会对患儿的鼻涕、唾液等进行化验，即可确诊，无须进行抽血等有伤害性的检查。检查之后，医生会给患儿开药单，根据父母要求可以开粉末状药物也可以开液体药物，多种药物还可以调剂成一副药，让患儿不用多次服用，一次服用即可。日本儿童用药多为水果味，患儿较喜欢；并且为了避免药物对胃的刺激，医生多会同时开出胃药让儿童一并服用。开出的药量一般为一周，一周之后医生需要给患儿再次诊断，根据情况调整处方或者调整药量，直到患儿完全康复。

3. 日本儿童的住院

在日本，患儿如果需要住院的话，根据所在居住地的政策住院费用可获得补助，有的地区还可以全额免费。住院期间为了确保健康饮食，餐饮都是由医院提供，费用低廉，有的地区餐饮也可免费。日本的医院原则上不允许家属陪护，年龄小或者特殊患儿除外，家属只被允许在规定的时间探视病人，其他时间所有的护理和看护都由医院内的医生和护士负责。日本的医院环境大多相当于五星级酒店，医生护士按规定着装，病房、走廊都铺有地毯，洗手间、洗漱间都配有全自动多功能装置，病床是多方位滚动式，还有耳机式电视、健康免费的餐饮、预约制的沐浴以及十多位护士轮流照顾。病人进了医院，就把自己的一切都交给了医生，医生要对入院治疗的每一位病人尽全部的责任。

4. 儿童患者和医生的亲密关系

如前面所介绍的，日本的初诊多在生活圈内，患儿多在熟悉的固定诊所就诊，所以医生和患儿之间是长期的固定医患关系，医生对患儿非常熟悉，患儿家长对医生也非常信赖。即使是专科小诊所，每个患者的病历也都会被长期保存，所以每次接诊医生都可以快速了解到该患儿以前的病历，能更确切地掌握患儿的体质及身体状况等，对患儿的诊断和用药也会更加合理有效。不仅如此，诊所或者医院也会跟踪患儿病情，康复之后仍然会随访，随时关注患儿身体状况。所以在日本，并不是一次手术之后再也不会见医生，而是一旦建立了医患关系就是长久的稳定医患关系。由于日本医院医生服务的良好性，医患关系可谓是亲密的。

三、儿童医药体系

1. 免费药品

在日本，儿科门诊根据地区不同会有个人负担部分；但是对于药品来说，无论在日本任何地区，只要患儿持有医生所开的处方单，在任何一家药房都可以依据处方单免费领取药品。

2. 药剂师制的处方药房

日本的医药分离贯彻落实较好，处方药房①只有医生的处方单才可以给患者药品。而且每个药房都必须配备具有专业资格的药剂师，药剂师不仅可以确认处方药的合理性还可以配药。例如，可以根据需要，把需要儿童一次服用的多种药品调剂在一起，患儿只需服用一次即可，减少患儿负担也给家长带来方便。药剂师对药品还负有说明义务，需要将用药注意事项及如何服用等知识详细介绍给家长，并提供相应的咨询服务。

3. 药品日记本和无包装药品

处方药房会免费给每位患者提供药品日记本，每开一个药品都会将印刷贴纸贴在其药品日记本上，不仅方便患者翻看按时服药，还可以在以后就诊时给医生或药剂师提供参考依据。日本的药品没有任何包装，可以根据需要按颗粒装袋，这就避免了药品浪费，例如需要一盒半药量但必须买两盒的情况。儿童的药品日记本多为卡通版，药品也是草莓等水果口味居多，药房还会提供儿童玩耍空间，让儿童在等待时可以开心玩耍。

4. 打印的药品说明书

日本的药品没有包装盒，所以说明书都是打印的。根据患者开的药品，可以把所有药品的说明书打印在一张纸上。打印的药品说明书多为彩色的，上面有药品的照片、功效、生产日期、用法用量等，非常详尽且一目了然。儿童药品的说明也是以卡通形式为主，方便家长给孩子讲解，让吃药过程变得愉快。

---

① 日本的药房主要有两类。一类是处方药房，该药房多为一类药品，药性较强，没有医生的处方单不可以进行药品的销售。另外一类是药妆店，该药房多为二类药品，多以保健为主治病为辅的药品，所以无须医生的处方单，不能走医疗保险需要自费购买，该类药妆店货品较多，还销售化妆品等生活用品。

综合以上日本儿童医疗保障制度的实施，可以看出其申请流程简单易懂、就诊过程安心、医患关系亲密。就诊体制按照紧急程度分为救命救急就诊和普通就诊，更好地应对了儿童医疗多为深夜、状况紧急、需就近就诊等特征。

（1）多主体的财政来源实现了免费。医疗保险最难的就是财政问题，日本的医疗保险不仅由保险金构成，还由再分配机能良好的消费税等税金构成，而且地方财政通过医疗补助形式给予医疗费用支持，大大缓解了儿童看病贵、看病难的问题，并有效地防止了因病致贫现象的产生。

（2）早期预防早期发现的健康保障体系。日本对儿童的健康管理是从孕期开始的，通过母子手册的管理形式，给孕期妈妈免费的全方位检查与指导，从根源上确保了宝宝的健康。

（3）无伤痛的问诊，有始有终的诊疗和随访。日本儿童就诊可以说很人性化，而且是有始有终的关系。诊疗只是开始，最后的康复才是结束。

日本通过高质量的而且是近乎免费的儿童医疗保障制度的实施，让儿童的健康水平位居世界第一位，真正地赢在了起跑线上。而且该制度缓解了家庭负担，有效地解决了育儿最大的担忧，使得日本少子老龄化问题得到一定缓解，在提高生育率上也起到了一定的作用。

（沈阳师范大学　日本横滨国立大学　李　宣）

第七章　日本儿童家庭福利领域中的专业人员配置与人才队伍建设

人才之于社会福利事业的重要性不言而喻。尤其对于儿童家庭福利领域的福利事业来说，专业人员作为制度理念的践行者与儿童家庭权益的保护者，其专业水平高低与配置合理与否，关乎每一位儿童的健康成长以及千万家庭的和谐安定。现实中，儿童家庭福利的问题多涉及生活抚养、社会保育、家庭暴力或身心虐待等方面，其背后又涉及生活贫困、社会排斥、心理疾病、精神残疾等多种多样复杂因素。因此，儿童家庭福利领域中的人才体系建设应当尽可能满足以下两个关键方面的要求：第一，确保人员体系结构配置的合理性，在解决实际问题中，针对当事者复杂的生活需求，可以做到分工明确、专业鲜明、有效配合；第二，确保人才队伍的适当规模和较高的专业水平，即培养足够多的、具有较强实操能力的专业人才。

本章将分两大部分来对日本儿童家庭福利领域中的专业人员配置与人才队伍建设进行评述。第一部分为专业人员体系的基本情况介绍。通过对福利行政部门（第一节）、社会福利机构及社区（第二节）中的专业人员配置情况进行介绍，来帮助读者了解日本儿童家庭福利领域中专业人员配置的基本框架。这一部分内容的梳理主要参照《儿童福祉法》《社会福利法》等法律中的相关条例，以及日本儿童福利相关权威教材中的部分内容。①②

儿童福利制度的具体执行依赖于这些专业人员的合理分工、相互配合。换句

① 吉田幸恵，山縣文治. よくわかる子供家庭福祉［M］. 京都：ミネルヴァ書房，2019.

② 社会福祉士養成講座編集委員会. 児童や家庭に対する支援と児童・家庭福祉制度［M］. 東京：中央法規，2019.

话说，从这些专业人员的分工配置中可以窥探出日本儿童家庭福利领域中人才的整体特点，以及福利制度在实务层面的具体样貌。因此，本章的第二部分进一步对日本儿童家庭福利领域中人才基本框架的内在逻辑进行归纳（第三节），进而分析提出日本在该领域人才队伍建设中的难点，同时介绍现阶段采取的主要措施（第四节）。

第一节　福利行政部门中的专业人员配置

福利行政部门是指政府部门中负责处理社会福利事务的职能机构。由于儿童家庭福利问题的特殊性，在诸如儿童保护、社会抚养等实际案例的处理中，往往需要行政部门的强制干预。因此也可以说，在日本的儿童家庭福利工作中，福利行政部门对儿童和家庭的基本权益起到了基础性的保护作用。如图 7-1 所示，日本行政机构中，与儿童家庭福利相关的具体执行机构大致可分为儿童咨询所、保健所以及福利事务所等。① 根据业务不同，各机构中的专业人员配置要求也有所不同。

一、儿童咨询所中的专业人员

儿童咨询所中的专业人员均为地方公务人员。由于各地区的实际情况不同，儿童咨询所中的专业人员在录用条件和配置标准方面也不尽相同。在日本行政部门的一般人力资源配置过程中，他们往往首先作为普通政府职员（公务员）被录用，然后在工作岗位分配时被配置到儿童咨询所。近年来，尤其是在城市等较为发达的地区，拥有社会福利方面专业资格的人才在行业整体中所占比例正在逐渐提高。

① 保健所是政府设立的综合性卫生健康服务机构，其业务范围涵盖妇女儿童保健、老人保健、传染病预防、生活卫生等各个领域。如图 7-1 所示，虽然保健所中配置了医师、保健师、营养师、精神保健福祉咨询员等各类专业人员，但是并没有配置儿童家庭福祉相关的专业人员，因此本书并没有将其放在介绍的范围当中。

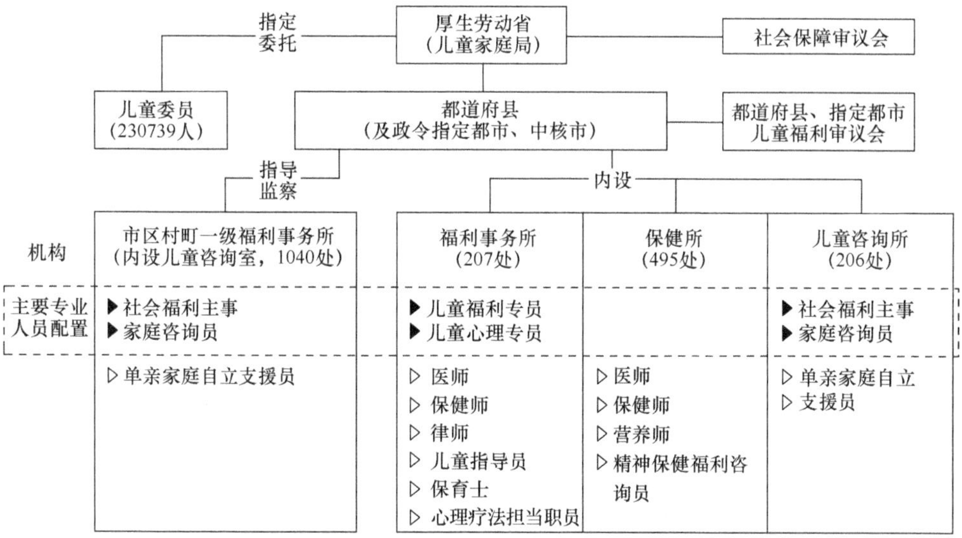

图7-1　日本儿童福利行政部门及其中的专业人员配置

资料来源：厚生労働統計協会．国民の福祉と介護の動向 2019/2020［J］．厚生の指標（增刊），2019（66-10）：82-116.

儿童咨询所的工作与一般行政工作有所区别。儿童咨询所的职员除了一般事务性工作以外，还需要与儿童及其家庭进行面对面接触，开展实际援助服务活动。尤其是针对问题儿童家庭各自不同的境遇和需求时，要在相应的政策和制度框架下为其提供服务，从而达到解决问题的目的。因此，儿童咨询所的职员在掌握行政通识业务的同时，还需要具备援助工作方面扎实的专业介入技术，并在对当事人及其家庭的直接介入工作中，尽可能地为儿童谋取最大利益。除此之外，他们还需要协调地方政府（市町村）中其他部门与各类社会福利机构之间的关系，使其形成合作局面来共同完成儿童及其家庭的福利工作。因此，对于儿童咨询所的职员来说，不仅需要具备儿童援助方面丰厚的专业知识以及独立开展咨询援助工作的实践能力，还需要秉持以人为本的理念，与时俱进，不断开阔视野，提高专业工作的技术水平和业务素养。

儿童福利专员是儿童咨询所开展援助业务中起主力作用的专业人员。根据《儿童福祉法》第十三条的规定，儿童咨询所须将儿童福利专员作为一种行政任用资格进行相应配置，并以此保障儿童福利业务的专业性和严肃性。儿童福利专员接受儿童咨询所所长下达的行政指令，依法在儿童保护及其他儿童福利业务方面提供专业咨询服务，开展专业指导，并以此促进儿童福利的发展。具体来说，其业务包括与前来咨询的家长和儿童进行面谈、家访、协调相关机构等方面。另外，根据《儿童福祉法》第十三条第八项的规定，儿童福利专员还需要定期参加专业技术研修课程，以确保可以持续符合厚生劳动大臣制定的业务水平标准。

儿童福利专员在其负责地区开展儿童福利工作时，可以要求所在地区的市町村长提供必要的协助（第十三条第七项）。同样，根据《儿童福祉法》第十四条的规定，儿童福利专员有向儿童咨询所所在地区市町村长汇报情况、表述意见的义务。也就是说，市町村长可以以汇报情况、提供相关资料等方式，要求儿童福利专员为本地区的社会治理提供帮助。

根据《儿童福祉法》第十三条第三项的规定，儿童福利专员的任用需要至少满足以下条件之一，即：①在厚生劳动省指定培训学校完成培训课程者；②大学中主修心理学、教育学、社会学，并有一年以上从事儿童或其他福利咨询业务工作经验者；③具有医师资格者，或“社会福利士”专业资格者；④作为社会福利主事，从事两年以上儿童福利相关工作，并完成指定培训课程者；⑤被认定为拥有相当于以上能力，并符合厚生劳动省法令规定者。厚生劳动省规定儿童福利专员的最低配置标准为“管辖区人口中每 4 万人须配置 1 名以上的儿童福利专员”，地方政府可根据实际情况灵活增加具体配置人数（第十三条第二项）。如上文所述，儿童福利专员还需要经常提升自身专业能力与业务水平。在 2016 年的《儿童福祉法》修订中（第十三条第五项），规定了儿童福利专员在任用后的培训义务，并设置了“儿童福利专员指导”一职。

儿童心理专员是除儿童福利专员之外，儿童咨询所中配备的具有心理学方面相关专业知识和技术的另一种专业人员（《儿童福祉法》第十二条第三款第六项）。儿童心理专员的主要工作内容是对儿童及家长进行心理诊断。此处的心理诊断是指，通过心理学上的各项检查、面谈及观察等方法，对儿童的人格以及其家庭成员进行全面的心理学评估。同时，通过心理诊断也可以明确儿童自身的适应性能力，并能及时发现问题发生背后可能涉及的心理纠纷、心理防御机制、家庭成员关系等关键心理学要素。此外，儿童心理专员的工作还包括对儿童及其抚养人进行心理疗法、心理咨询以及相应指导等。

随着近年来与虐待儿童相关咨询案件数量的增长，日本政府开始逐步增加儿童咨询所的专业人员配置数量，并在其职权强化等方面做出了种种努力。例如，在近年的体制强化过程中，日本政府通过2016年的《儿童福祉法》修订，增加了对抚养人指导的司法干预等规定；同时为了进一步促进与家庭法庭进行协作，此次修订还增加了关于在儿童咨询所中配置法律相关专业人员及律师的规定。另外，在社会抚养方面，由机构抚养转向家庭抚养的相关体制改革也在不断得到强化，其中包括在儿童咨询所中增加配置社会收养及家庭寄养方面的专职人员，为寄养家庭父母提供相应的抚养培训、临时代看服务等，以促进地方政府、社会福利机构及寄养家庭之间的紧密联系。

二、福利事务所中的专业人员

福利事务所是处理社会福利一般性事务的重要行政机构。除儿童咨询所外，福利事务所也是处理儿童家庭福利问题的重要部门之一。《社会福利法》第十五条对福利事务所（以及其他与福利相关的事务所）中的职员配置和职责进行了明确规定。其中，福利事务所所长应接受都道府县知事及各级地区行政长官（市町村长）的指导监管，掌管事务所中各项事务；社会福利主事应接受所长的命令和监管，对需要给予援助保护、接受教育指导以及有必要接受强制性改造措施的问题当事者进行家庭访问，对其是否需要救助等措施做出判断，并带领其他工作人员共同对其进行相应的援助（社会福利主事同时也需要对援助活动中的实际业务进行指导监督）；另外，福利事务所还配备了一定数量的内勤人员，负责处理所内各种日常事务性工作。

福利事务所中的专业人员原则上只能从事相关法律中规定的业务活动，但在工作中遇到情况较为复杂的困难案例时，也可以开展其他与社会福利、保健医疗相关的工作，从而对问题当事者进行间接的介入工作。近年来，在福利事务所的实际工作中，涉及与民生委员（儿童委员）、儿童抚养津贴等相关事务的工作在不断增加。除此之外，还有部分福利事务所配置了从事老年人福利工作的社会福利主事、身体残障人士福利司、智力残障人士福利司等专业人员。

社会福利主事是福利事务所中负责开展实际援助介入工作的专业人员，除满足行政机构职员的条件以外，拥有儿童福利专员、智力残障人士福利司、身体残障人士福利司、家庭咨询员等实际业务经验也是其被任用的必要条件。另外，根据《社会福利法》第十八条、第十九条的规定，社会福利主事的任用资格要求同样也适用于其他社会福利机构的负责人、生活咨询员或社会福利协议会中福利活动专员等专业人员。

根据《社会福利法》第十九条的规定，社会福利主事应为20岁以上地方公共团体的事务行政人员或技术行政人员，担任者须人格高洁、心思缜密，并能热心推进社会福利事业的整体发展。此外，担任者还须满足以下任一条件：①在接受大学、短期大学的高等教育期间，选修并完成3门以上由厚生劳动大臣指定的社会福利主事任用资格必选科目并顺利取得学位者；②完成厚生劳动大臣指定的培训机构课程或讲习会培训课程者；③拥有“社会福利士”或“精神保健福利士”等国家专业资格者；④参加并通过厚生劳动大臣指定的社会福利事业从业者考试者；⑤被认定为拥有相当于以上能力，并符合厚生劳动省法令规定者。

家庭咨询员是配备在福利事务所中的另一类专业人员，其工作主要是应对儿童和监护人的咨询，并对他们的家庭问题进行专业性的指导。家庭咨询员除须满足人格健全、品德高洁、身心健康，并能热心推进社会福利事业的整体发展外，还须满足厚生劳动省规定的以下任一条件：①在学校教育法规定的大学中，主修儿童福利、社会福利、儿童学、心理学、教育学或社会学专业，完成与之相对应的课程并取得学位者；②拥有医师或社会福利士等专业资格者；③以社会福利主事身份从事两年或以上儿童福利工作实务者；④满足以上标准，并具备作为家庭咨询员所必需的学识经验者。

家庭咨询员原则上为非全职人员，其出勤时间规定为最少每周3次，每次至少半个工作日，但也有部分地区的政府将家庭咨询员作为全职人员进行配置。从现实情况来看，被任用为家庭咨询员的专业人员多为持有保健师、保育士、教师、社会福利士等专业资格的人士，或为拥有多种工作背景、多年实际工作经验的人士。

儿童咨询室设置于市町村政府的福利事务所中，是地区性的儿童家庭咨询机构。依据法律规定，家庭儿童咨询室中须配置社会福利主事和家庭咨询员。两种专业人员在开展儿童家庭咨询业务的同时，负责福利事务所的日常运营和管理并对福利事务所进行技术指导。另外，值得一提的是，由于儿童咨询室的具体咨询业务内容和范围在法律中并未像儿童咨询所一样被详细规定，这使得儿童咨询室可以在实际工作中因地制宜，更加灵活地开展综合性咨询援助业务，并在地区性的儿童家庭福利工作中起到据点性的重要作用。

第二节 社会福利机构及社区中的专业人员配置

在日本的现代儿童家庭福利体系中，福利行政部门对于儿童和家庭的基本权益起到了基础性的保护作用。与此同时，非政府部门，也就是社会福利机构及社区中的专业人员则为需要保护和援助的儿童、家庭提供了具体的生活服务。从这个意义上来讲，我们可以认为，在儿童与家庭的生活需求问题解决中，他们既对福利行政部门的工作起到了不可或缺的补充性作用，同时也是儿童与家庭普遍性生活需求的主要应对者。

由于社会福利机构种类和专业人员种类较多，本节将选取其中较为重要且具有代表性的专业人员类型进行介绍，包括保育士、儿童指导员、个案应对职员、家庭支援咨询专员、儿童自立援助专员、儿童生活支援员，以及心理疗法担当职员等。除此之外，作为在社区层面中比较有特点的制度实践之一，本节还将着重介绍在日本具有百年历史的“儿童委员”制度。

一、社会福利机构中的专业人员

日本的《儿童福祉法》规定在社会福利机构中，针对儿童家庭不同的生活问题及需求，应当分门别类地开展咨询援助工作，并相应地配置了具有不同专业素养的人员。各类社会福利机构中关于专业人员的配置要求见表 7-1。单就业务类型来看，社会福利机构中的专业人员可以大致分为日常生活照料类、咨询支援类以及医疗保健类三种不同类型。而不同类别的社会福利机构对于专业人员的具体配置则有着不同的标准。

表 7-1　　　　各类社会福利机构中的法定专业人员配置要求

机构类别	法定专业人员配置要求														
	日常生活照料类			咨询支援类						医疗保健类					其他人员设置要求
	保育士	营养师	厨师	儿童指导员	个案应对职员	家庭支援咨询专员	家庭寄养支援咨询专员	儿童成长管理责任者	职业指导职员	医生	护士	心理疗法担当职员	心理指导担当职员	理疗师	
助产机构															助产师及《医疗法》所规定的其他职员
新生儿院	√	√	√	√	√	√	√			√	√	√			
单亲生活机构			√		√					√		√			单亲支援员，青少年指导员
托儿所	√		√							√					
儿童厚生机构															儿童娱乐生活指导员
儿童抚养机构	√	√	√	√	√	√	√			√	√	√			
福利型残疾儿童抚养机构	√	√	√	√					√	√	√		√		
医疗型残疾儿童抚养机构	√			√				√					√	√	《医疗法》所规定的其他职员
福利型儿童成长支援中心	√	√	√	√				√		√					机能训练担当职员，言语听觉师

续表

机构类别	法定专业人员配置要求														其他人员设置要求
	日常生活照料类			咨询支援类						医疗保健类					
	保育士	营养师	厨师	儿童指导员	个案应对职员	家庭支援咨询专员	家庭寄养支援咨询专员	儿童成长管理责任者	职业指导职员	医生	护士	心理疗法担当职员	心理指导担当职员	理疗师	
医疗型儿童成长支援机构	√			√				√			√			√	《医疗法》所规定的其他职员
儿童心理治疗机构	√	√	√	√	√	√				√	√	√			
儿童自立支援机构		√	√		√	√			√	√		√			儿童自立支援专员，儿童生活支援员
儿童家庭支援中心												√			咨询支援类职员

资料来源：厚生労働省．児童福祉施設の設備及び運営に関する基準[EB/OL].（2019-07-31）[2020-04-26]. https://elaws. e-gov. go. jp/search/elawsSearch/elaws_search/lsg0500/detail? lawId=323M40000100063.

保育士是指活跃在不同的儿童福利机构，尤其是生活照料类机构中，具备儿童保育方面相关知识和技术的专业人员。他们是社会儿童福利机构中配置最为广泛、数量最多，也是最有代表性的日常生活照料类专业人员。在托儿所中，其工作内容主要为提供幼儿保育服务和对其抚养者进行指导。而在儿童社会抚养机构等机构中，其工作内容则主要围绕日常性生活照料、残障儿童疗养等方面展开。在2003年的《儿童福祉法》修订中，保育士被上升为国家级的“专业资格”。根据该法第十八条第六项的规定，在厚生劳动大臣指定的保育士培训机构完成指定科目进修的人员，或参加由都道府县知事举行的保育士考试合格者，可认证并注册为保育士。

咨询支援类的专业人员因所在机构的服务及业务内容不同而有所不同。其中，儿童指导员是指儿童福利机构中，负责开展儿童生活指导、提供生活自立援助、联络协调相关机构（教育机构或儿童咨询所等）业务的专业人员。儿童指导员与保育士具有相互合作的关系。

家庭支援咨询专员主要负责协调家庭关系，在改善家庭生活环境等方面提供专业咨询援助，并确保家庭寄养制度的顺利实施。自2012年起，配置家庭支援咨询专员成为提供社会抚养服务的儿童福利机构（如新生儿院、儿童抚养机构、儿童自立援助机构以及儿童心理治疗机构）的法定义务。家庭支援咨询专员又称“家庭社会工作者”，其业务一般需要在儿童咨询所、福利事务所等行政机构的协作配合下共同完成。

个案应对职员是配置在新生儿院、儿童抚养机构、儿童自立援助机构、儿童心理治疗机构，以及单亲家庭援助机构中的专业人员，其设置主要是为了应对近年来日益严峻的虐待儿童的问题。虽不属于“任用资格”，但个案应对职员同样也发挥着重要作用。在个案介入中，个案应对职员需要以单独面谈的方式与当事人进行沟通，以厘清当事人的受虐经历，发现并判断问题的原因，从而对当事者或其抚养者提供相应的指导和援助。

儿童自立支援专员以及儿童生活支援员是指活跃在儿童自立支援机构中的专业人员。儿童自立援助机构的主要服务对象为有过违法犯罪等行为的“问题儿童”。在此类机构中，儿童自立援助专员以及儿童生活支援员主要以存在不良行为（或可能会出现不良行为）的儿童，或由于家庭环境恶劣等原因需要接受生活指导的儿童为对象，为他们回归正常生活进行自立援助。具体来说，主要包括生活指导、学业指导、就业指导、家庭环境改善等方面。

心理疗法担当职员作为医疗保健类的代表性专业人员，被广泛配置于新生儿院、儿童抚养机构、儿童自立援助机构、儿童心理治疗机构，以及单亲生活援助机构等社会福利机构当中。其服务对象以因虐待、家庭暴力导致心理创伤，并需要进行康复的儿童、家庭为主。尤其是在儿童自立援助机构中，其援助的儿童往往有过不同程度的受虐经历，或面临不同程度的发育障碍问题，这使得他们的生活问题往往异常复杂。心理疗法担当职员的配备为应对这样的复杂问题案例提供了良好的帮助，他们一般以心理疗法为援助的主要手段，通过对儿童的心理创伤进行修复，逐步提升其对自我、他人以及环境的安全感，从而达到生活自立、回归正轨的援助目的。

为了保证专业人员在实际业务中可以适得其所，切实发挥出有效的作用，针对不同社会福利机构中的各种专业人员的任用条件，国家均以法律的形式作出了明确规定。这些规定及人员配置要求细则均可以在厚生劳动省制定的《儿童福利机构的配置及运营基准》中找到。本节列举的几种专业人员任用条件见表 7-2。

表 7-2　　儿童福利机构中部分专业人员的注册或任用条件

<table>
<tr><th>专业人员</th><th>资格类型</th><th>依据法律</th><th>注册或任用条件</th></tr>
<tr><td>保育士</td><td>专业资格</td><td>《儿童福祉法》第十八条第六项</td><td>①在厚生劳动大臣指定的保育士培训机构完成指定科目进修的人员
②参加保育士考试并合格者</td></tr>
<tr><td>儿童指导员</td><td rowspan="6">任用资格</td><td rowspan="6">厚生劳动省《儿童福利机构的设备及运营基准》</td><td>①在都道府县知事指定的儿童福利机构职员培训学校或其他教育培训机构中毕业者
②拥有“社会福利士”或“精神保健福利士”专业资格者
③取得《学校教育法》所规定相关学历，或同时拥有一定实务经验者
④拥有教师资格且被都道府县知事认为适合人选者
⑤从事 3 年以上儿童福利相关工作，且被都道府县知事认为适合人选者</td></tr>
<tr><td>家庭支援咨询专员</td><td>①拥有“社会福利士”或“精神保健福利士”专业资格者
②拥有在被任用的儿童福利机构中，从事相关专业业务 5 年以上经验者
③拥有儿童福利专员任用资格条件者（满足《儿童福祉法》第十三条第三项中列举的任意条件之一）</td></tr>
<tr><td>儿童自立支援专员</td><td>①作为医生，并拥有精神保健方面相关学识经验者
②拥有“社会福利士”专业资格者
③在都道府县知事指定的儿童自立支援专员资格培训学校或其他培训机构中毕业者
④取得《学校教育法》所规定相关学历、教师资格，并拥有一定实务经验者</td></tr>
<tr><td>儿童生活支援员</td><td>①拥有“保育士”或“社会福利士”专业资格者
②拥有 3 年以上儿童自立支援相关工作经验者</td></tr>
<tr><td>心理疗法担当职员</td><td>取得《学校教育法》所规定相关学历，掌握个人及小组心理疗法技术，拥有相同工作能力者，或根据任用机构要求拥有一定实务经验者</td></tr>
</table>

资料来源：厚生労働省．児童福祉施設の設備及び運営に関する基準[EB/OL]．(2019-07-31)[2020-04-26]．https://elaws.e-gov.go.jp/search/elawsSearch/elaws_search/lsg0500/detail?lawId=323M40000100063.

需要说明的是，表 7-2 中列举的任用条件为概括性总结。由于《儿童福利机构的配置及运营基准》是以机构类型为主轴进行设置的，因此如果机构类型不同，同一种专业人员的任用条件也会略有差异。例如，同为心理疗法担当职员的情况下，在儿童抚养机构中，满足《学校教育法》所规定的相关学历要求，并拥有心理疗法相关的能力，原则上便可获得任用（第四十二条第四项）；而在儿童心理治疗机构中，则需要额外具有 1 年以上的实务经验才能满足法定的任用条件（第七十三条第三项）。

专业人员配置规模的最低标准根据机构类型、机构规模以及对应的服务群体特点有所不同，具体配置人数需要根据实际服务开展情况进行测算。例如，在儿童抚养机构中，未满 2 周岁的幼儿大约每 1.6 人配备一名儿童指导员，2~3 周岁幼儿约为每 2 人，3 周岁以上幼儿约为每 4 人，其他学龄前儿童则约为每 5.5 人；而在儿童心理治疗机构中，此配置则为每 4.5 名儿童配置 1 名儿童指导员。托儿所中保育士的配置也是按同样的逻辑。保育士的最低配置标准为 0 周岁儿童每 3 人配置 1 名保育士，1~2 周岁为每 6 人，3 周岁为每 20 人，而 4~5 周岁则为每 30 人（最低需要 2 名保育士同时在岗）。也就是说，托儿所中保育士的配置规模标准可以理解为以下公式：

$$\text{保育士配置规模}=\left(0\text{周岁儿童人数}\times\frac{1}{3}\right)+\left(1\sim2\text{周岁儿童人数}\times\frac{1}{6}\right)+\left(3\text{周岁儿童人数}\times\frac{1}{20}\right)+\left(4\sim5\text{周岁儿童人数}\times\frac{1}{30}\right)$$

二、扎根社区的“儿童委员”

儿童委员制度是日本在社区福利层面比较有特点的实践之一。这一制度由“民生委员制度”分离而来，其渊源可以追溯到 1917 年于冈山县诞生的“济世顾问制度”，迄今已有百年以上的历史。时至今日，儿童委员制度已成为儿童福利在社区层面的重要组成部分，其工作职能也在《儿童福祉法》中有明确的规定。顾名思义，儿童委员是担任社区儿童福利工作的主体，也是这一制度的核心。根据《儿童福祉法》第十六条第一项的规定，儿童委员被定义为以志愿者身份，站在居民立场，对社区内儿童家庭开展咨询援助活动的、配置于市町村各地区中的非全职公务人员。

儿童委员一般由社区中负责居民咨询援助活动的民生委员兼任，其目的是为了促进社区中儿童与家庭福利的健康发展。其主要工作内容包括了解和掌握家庭成员中儿童、孕妇，以及单亲家庭等群体的实际生活情况，并在与福利事务所和儿童咨询所等福利行政部门的相互配合下，为需要帮助的家庭提供相关的咨询援助信息，并在力所能及的范围内开展咨询援助活动。具体来说，儿童委员的业务内容可以归纳为以下五点：第一，了解儿童和孕妇的生活环境状况；第二，为儿童家庭及孕妇等提供必要的社会服务信息，开展指导活动，使其能够便捷地利用社会福利、医疗保健以及其他公共服务；第三，与地区内的儿童家庭福利机构保持密切联系，为其活动开展提供必要帮助；第四，协助儿童咨询所和福利事务所等福利行政部门工作；第五，努力实现并保障社区内儿童的健康成长。

儿童委员是由所在地区（市町村）的“民生委员推荐会”进行选拔的，被选拔出的居民在都道府县知事的推荐下，接受厚生劳动大臣的委托，从而正式成为儿童委员。儿童委员一般任期为 3 年，其配置标准根据地区人口规模略有差异。例如，人口较大城市中每 220~400 个家庭配 1 名儿童委员，人口在 10 万人以上的中心城市每 170~200 个家庭配 1 名儿童委员，人口在 10 万人以下的中心城市每 120~280 个家庭配 1 名儿童委员，市町村中每 70~200 个家庭配 1 名儿童委员。

20 世纪 90 年代以来，随着社区中与儿童家庭相关的问题不断增多，政府发起了名为“为生儿育儿创造良好环境”的运动。作为其中一环，政府于 1994 年在儿童委员制度的基础上，新设“主任儿童委员制度”，旨在进一步加强社区中的工作力度，并在 2001 年将其写入《儿童福祉法》中。该法第十六条第三项规定，厚生劳动大臣需在儿童委员中指派主任儿童委员。另外，《民生委员法》第二十条规定，市町村中需设置民生委员儿童委员协会，且各委员协会中需最低配备 2 名主任儿童委员。主任儿童委员的设置体现出社会环境的变化对社区儿童福利工作提出了更高层次的专业需求。

根据厚生劳动省公布的数据①，截至2017年3月，日本共有23 739名儿童委员（民生委员），其中女性占总数的60.9%。被指派为主任儿童委员的有21 363人。2016年度儿童委员处理的咨询援助案例为6 051 342件，其中有关儿童家庭福利的案例为1 263 785件，占总数的20.9%。由此可见，社区对于儿童、家庭育儿方面咨询援助的需求非常高，主任儿童委员与儿童委员相互协作，在社区福利事务中共同发挥着重要的作用。

第三节　专业人员配置的内在逻辑

综合以上对日本儿童福利中福利行政部门、社会福利机构以及社区中的专业人员配置情况的梳理，我们可以看出，日本在专业人配置设定上是有一定逻辑规律可循的。其内在逻辑既是奠定专业人员配置框架的基础，也是儿童福利制度在实践层面的具体体现。作为日本儿童福利人才配置的主要特点，本节将其中蕴含的内在逻辑归纳为以下四个方面。

第一，专业人员根据业务领域和实际工作内容不同，分工被高度细化。日本在儿童福利领域的专业人员配置可以根据服务主体分为“行政”和“民间”两大类别。其中，“行政”中的专业人员包括发挥综合性职能的社会福利主事，以及在儿童福利领域发挥专业特长的儿童福利专员以及儿童心理专员；“民间”中的专业人员可以进一步分为日常生活照料类、咨询支援类以及医疗保健类等。专业人员配置根据机构类别，以及例如社会抚养、身心受虐待、生活自立、不良行为校正等具体的生活问题，进一步分化出各种各样的“任用资格”。加之设置儿童委员这样的社区层面的专业人员，为儿童家庭问题的解决提供了多层次的全面援助体系。

高度细化的分工使得专业人员在应对儿童家庭的不同生活问题及需求时，可以发挥出不同的专业特性，从而可以更有针对性地开展援助活动。另外，这也使

---

① 厚生労働統計協会．国民の福祉と介護の動向 2019/2020［J］．厚生の指標（増刊），2019（66-10）：257.

得实际业务中的专业人员可以各司其职，尽可能减少因为不同职能部门相互推诿而导致的效率低下等问题。更重要的是，细化分工使政府和民间之间的责任分担更为明确，从而为不同性质的活动主体在明确自身的业务领域和活动范围上提供了帮助。由此可见，日本的儿童福利工作并非“眉毛胡子一把抓”，而是建立在专业人员高度细化分工的基础之上。

第二，在分工高度细化的同时，日本还较为重视专业人员的协调合作能力和统筹型人才的培养。专业职能结构的复杂化必然会增大协调中的困难，尤其随着少子高龄化趋势的加深以及社会情势的不断改变，儿童家庭相关的生活需求也变得日益复杂。在各司其职的基础上，如何保证“杂而不乱”，是日本近年来在调整专业人员配置上的一大课题。由上述分析可以看出，日本在专业人员的职能结构上强调统筹型专业人员的设置，尤其重视专业人员的协调合作能力培养。

例如，在表 7-2 列举的专业人员任用条件中，尤其是儿童指导员、家庭支援咨询专员以及儿童自立援助专员和儿童生活支援员等咨询支援类专业人员的任用中均出现了社会福利士这一条件选项。社会福利士作为日本社会工作方面的国家专业资格，其核心能力正是体现在协调不同专业人员的相互合作以及对不同社会资源的统筹整合上。另外，在以往儿童委员制度基础上增设的主任儿童委员制度，也可认为是上述特点的一个典型表现。作为更高一级的专业人员，相比于为居民提供直接的服务，主任儿童委员更多的职能在于协助和指导地区内的儿童委员开展工作，并负责加强地区内儿童委员和相关社会儿童福利机构之间的联络协调。

第三，为了同时保证专业人员技术的全面性和专业性，日本采用了任用资格与专业资格相交叉的人才体系模式。任用资格一词是日语中表达方式，其含义类似于中国的“专业技术职务”这一概念，指进入特定职业或担任特定岗位所需要达到的标准。本章第二节中列举的，除保育士、个案对应职员和儿童委员之外的专业人员均适用于任用资格，以任用资格的方式设置专业人员类型主要是为了从实际业务的角度划分相应的职能结构。而与此相对的专业资格，适用于保育士、社会福利士、精神保健福利士等，其目的是为了保证专业人员具备相应的专业水准和实操能力。

而其中的保育士，作为具备儿童保育方面相关知识技术的专业资格人员，同时也是面向幼儿保育和对其抚养者进行指导的一线工作人员，其数量和质量的确保，可以说是儿童家庭福利领域中一项十分重要的课题。总体来说，如图 7-2 所示，前者的“任用资格”划定了人才队伍的“宽度”，而后者的“专业资格”则确保了人才队伍的“厚度”，二者相互交叉，共同编织成高效运行的“专业人才体系”。

资格			任用资格	
	属性		“政府”（福利行政部门）	“民间”（社会福利机构）
		配置	福会福利主事、家庭咨询员、儿童福利专员、儿童心理专员等	儿童指导员、家庭支援咨询专员、儿童自立支援专员、儿童生活支援员以及心理疗法担当职员等
专业资格	综合性	社会福利士、精神保健福利士等	日本儿童家庭福利领域的专业人才体系	
	儿童保育	保育士		

图 7-2　儿童家庭福利领域的专业人才体系

第四，无论何种机构中何种专业人员的配置，都有相应法律作为依据和保障。“有法可依”不仅是儿童家庭福利领域专业人员配置的特点，同样也体现在老年人、残疾人、贫困救助等其他社会福利领域，以及从业人数、硬件设施、安全措施等除人员配置以外的其他方面。除《儿童福祉法》以及《儿童福利机构的配置及运营基准》中的相关条款外，都道府县级别的政府还结合地方的实际情况进一步出台地方性法规及执行细则。另外，儿童家庭援助的工作活动中涉及如医疗保健、教育文化等其他领域的业务，其人员配置条件也会参考《医疗法》《学校教育法》等相关法律中的标准。

从以往日本的实践来看，用法律的方式来保障专业人员的配置体现出三个比较明显的优势。首先从业务的角度来说，这一方式确定了对于咨询援助等服务提供的最低质量标准。各地在实践中可以进一步改革创新，但最低不能低于这一标准。其次，通过这一方式，可以尽可能对全国不同地区的工作业务进行标准化管理。虽然地区之间存在环境上的客观差异，实际工作开展情况不同，但是通过统一的人员配置要求，使得业务开展的基础模式和基础功能不会产生较大的差异。最后，以这样的方式明确职责，不仅便于专业人员在工作中各司其职、相互配合，还可以对服务利用者和社会起到良好的责任说明作用，尤其是当某一工作环节出现问题的时候，找到责任所在也会变得相对有据可依。

第四节　人才队伍建设的难点及主要措施

日本在战后70余年的儿童家庭福利实践中，形成了一套分工细致、高度完整、有法可依，并可以切实对应于各种生活需求的专业人才体系。从这些专业人员的分工配置中我们可以看出日本儿童福利人才的整体特点，以及福利制度在实务执行层面的具体样貌。但毕竟专业人员的配置框架只是制度设计的体现，而决定最终效果的关键是制度的执行程度，也就是负责各种服务提供的、具体从业人员的素质。

从"服务"的角度来说，其区别于一般财货的重要特点之一在于它的同时性与不可贮存性。这意味着，服务的生产和提供两个环节不能被实质性分离，服务的生产往往伴随着提供的过程同时完成的。[①] 由于这个特点，服务提供者与利用者之间的交互过程即成为服务的本身，而服务提供者的素质便成为决定服务质量的本质因素。因此，对于儿童家庭福利服务的供给来说，人才队伍建设的质量最终决定了系统运作的效果。关于日本在儿童家庭福利人才队伍建设上的关键措施，可归纳为以下四个方面。

一、提高专业素养

扩大行业中专业资格的持有者规模，以提高从业人员整体的专业素养。

如图7-2所示，日本已经基本建立起了一套较为完整的专业人才体系，而使

① 小宮路雅博. サービスの諸特性とサービス取引の諸課題［J］. 成城・経済研究，2010（187）：149-178.

其有效运转的关键在于从业者的专业水平。用一个简单的指标来说，即扩大行业中社会福利士、精神保健福利士以及保育士专业资格持有者的人数和比例。

社会福利士是依据《社会福祉士及介护福祉士法》设置的国家级专业资格，拥有这一资格的人被称作“社会工作者”。社会福利士具有综合而全面的咨询援助能力，在儿童家庭福利领域中，重点负责应对诸如防止虐待、就业指导、意定监护、减缓社会孤立、建立社会关系等复合型社会课题。与其相并列的精神保健福利士，顾名思义，是指活跃在精神保健领域的社会工作者。从功能上来看，精神保健福利士与社会福利士在工作内容上基本相同，但更侧重于精神保健领域的问题应对。

为了提高社会福利行业从业者的整体专业水平，近年来，日本对于专业资格人才的培养可谓是不遗余力的。图 7-3 展示了社会福利士、精神保健福利士从 2000 年到 2019 年 20 年间注册人数的变化。其中，社会福利士的注册人数从 2000 年的 18 517 人增长至 2019 年的 233 517 人，精神保健福祉士的注册人数从 2000 年的 4 169 人增长至 2019 年的 85 122 人。

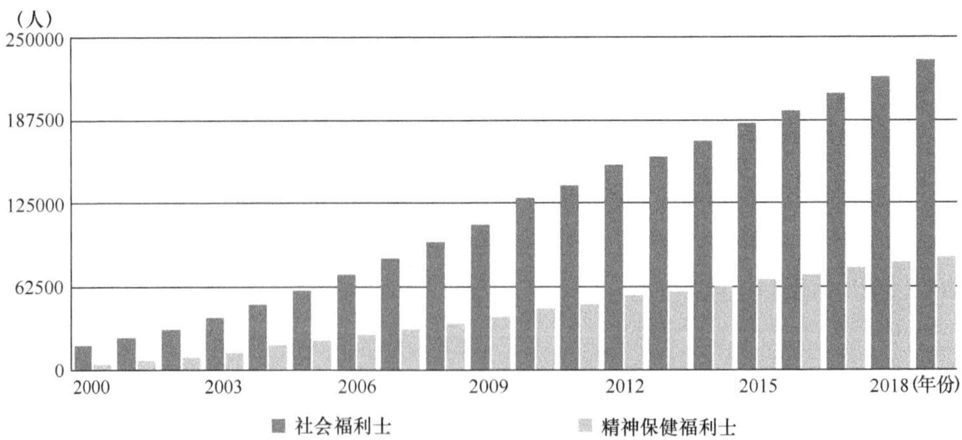

图 7-3　社会福利士、精神保健福利士注册人数变化（2000—2019 年）

资料来源：社会福祉振興・試験センター．登録者数の資格種類別（年度別の推移）[EB/OL]．[2020-04-26]．http://www.sssc.or.jp/touroku/pdf/pdf_t04_graph_h31.pdf.

尽管每年获得专业资格的人群中有大一部分已经从事了数年与社会福利相关

的工作或已经拥有其他资格（如从事教育研究等其他行业需要的资格），这一数据并不能完全反映出从业者数量的实际增长，但不可否认的是，社会福利从业人员的整体专业素养在稳步提高，有越来越多的人达到了国家设置的专业人才水准。

二、明确培养路径

明确专业人才的培养路径，使行业能够吸纳更多新鲜血液。

通过完善教育体系来吸纳和培养更多的专业技能人才，是提高行业中专业人才规模的重要措施之一。对于儿童家庭福利工作来说，其实践性特点要求专业人才在具有广阔知识面的同时，能将所学知识切实地运用到实务操作当中。也就是说，专业人才的培养体系既要满足普通教育层面的需求，也要兼顾在职训练的需求。本部分将着重对保育士的培养路径进行评述。

如图 7-4 所示，保育士的培养可以根据学习者的个人教育和实务工作经历不同大概分为 7 个类别。其中，具有高中学历的学习者，在厚生劳动大臣指定的教育培训机构，如专修学校、短期大学、四年制大学以及大学函授课程中完成保育士资格相关课程并毕业者，可免除保育士国家考试直接进行保育士资格的注册。在一般大学中完成指定课程 62 个学分者也可获得免试资格。而高中毕业后进入保育行业并从事 2 年以上相关业务者，则需要参加并通过保育士国家考试。另外，完成义务教育阶段学习并具有 5 年以上实际工作经验，或高等专门学校（相当于我国中等专门学校）的学习者也同样需要参加并通过保育士国家考试之后才能注册保育士资格。

保育士国家考试由都道府县一年两次定期举办，其中的笔试部分包括 8 门主要科目：保育原理、教育原理及社会抚养、儿童家庭福利、社会福利、保育心理学、儿童保健、儿童饮食营养以及保育实践理论。笔试合格后，参加者还需要另外接受保育士技术方面的实操考试。根据厚生劳动省公布的数据[①]，截至 2018 年 4 月，全国范围内具有保育士培养资质的教育培训机构共有 684 所。另外，根据

① 厚生労働省．指定保育士養成施設一覧［EB/OL］．［2020-04-26］．https：//www.mhlw.go.jp/content/000345025.pdf.

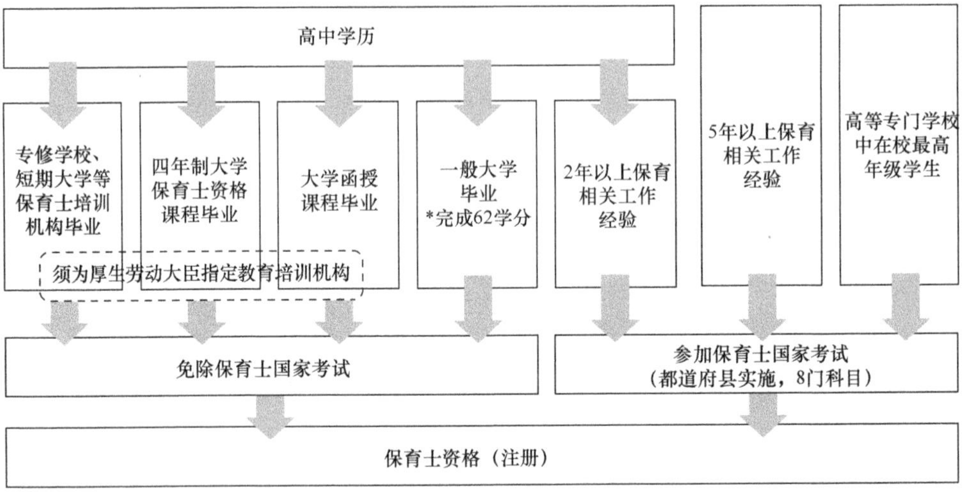

图 7-4　保育士资格的取得路径

资料来源：全国保育士養成協議会．受験資格詳細［EB/OL］．［2020-04-26］．https://www.hoyokyo.or.jp/exam/qualify/detail.html.

一般社团法人全国保育士培训协会于 2016 年实施的教育质量抽样调查结果①，在接受调查的 170 所教育培训机构平均毕业生人数为 104.9 人，未能完成培训课程的为 11.7 人。毕业生中平均有 95.8 人顺利取得了保育士资格，并有 87.1 人实现就业。在保育所（包括保育所型认定儿童园）就业的毕业生为 45.3 人，所占比例过半。

综上所述，日本在专业人才的培养路径方面有以下三个特点。第一，“入口”的多元化。根据参加者学习经历、实务工作经历不同，日本在专业人才培养方面设置了多种资格取得路径。这一点在有利于吸纳尽可能多的人参与到保育工作的同时，也为尽可能多的人提供了接受系统化的社会福利专业训练的机会。第二，与“入口”不断多元化形成鲜明反差的是“出口”的统一化。也就是说，无论何种培养路径均以专业资格的取得为最终目标。这一点在保证社会福利人才最

① 全国保育士養成協議会．平成 28 年度指定保育士養成施設における教育の質の確保と向上に関する調査研究（厚生労働省委託調査研究事業）［EB/OL］．［2020-04-26］．https://www.hoyokyo.or.jp/http://www.hoyokyo.or.jp/nursing_hyk/study/report.pdf.

低限度的规范化方面有着明显的积极意义。第三，在连接“入口”与“出口”的培养机制中，重视人才的“学习能力”。如图 7-4 所示，相比其他路径而言，具有高中学历并完成指定教育培训机构中相关课程的学习者更容易获得免试的机会。这一倾向使得福利人才的专业化培养能够达到但又不局限于能力普及这一层次，为未来实际工作中甄选具有创造力的高水平实践人才提供了间接的推动作用。

三、激励劳动市场

激励劳动市场，在数量上尽可能确保人才队伍的足够规模。

如何保证人才队伍的适当规模，是当前日本儿童福利领域政策关注的焦点问题之一。其矛盾主要集中在社会保育服务供给领域，尤其是保育服务供需之间的巨大失衡，为日本儿童福利体系的正常运作带来巨大挑战。图 7-5 展示了日本社会对于社会保育服务需求的变化情况。其中，等待入所儿童的数量自 2012 年之后一直保持在 2 万人左右，尽管保育服务利用率（具有保育需求的人口使用社会保育服务的比例）已从 2012 年的 34.2%上升到 2018 年的 44.1%，但 2018 年仍有近 2 万名儿童处在等待入所的状态。

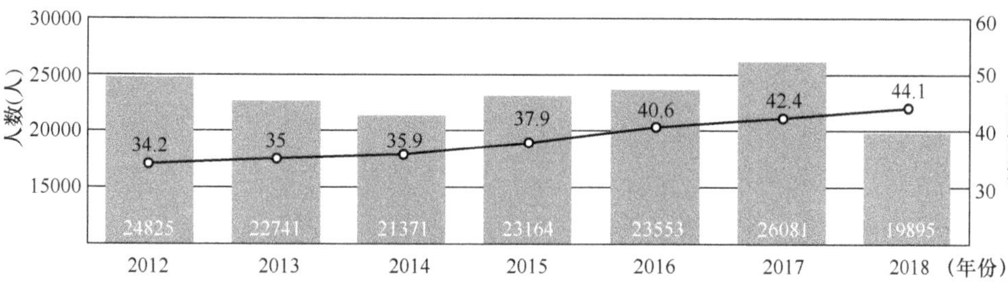

图 7-5　社会保育服务需求的变化情况（2012—2018 年）

资料来源：厚生労働省．保育所等関連状況取りまとめ［EB/OL］.（2019-04-01）［2020-04-26］. https：//www. mhlw. go. jp/content/11907000/000544879. pdf.

从图 7-6 展示的保育服务从业人员数量的变化中我们可以发现，尽管注册保育士资格的人数从 2012 年的 112.6 万人增长至 2016 年的 138.6 万人，在五年内增加了两成以上，但其中实际从事保育服务的人数却只占了其中不足三分之一的比例，况且五年间也仅从 42.1 万人增长至 45.4 万人，增长率还不足 8%。从劳动力市场来看，保育从业者的劳动需求倍率从 2012 年的 1.51 跃升至 2018 年的 3.64。也就是说，一方面是劳动力市场保育服务需求不断增长，另一方面却是劳动力增长的明显迟滞，现有的劳动力供给并不能有效满足劳动力市场的需求。

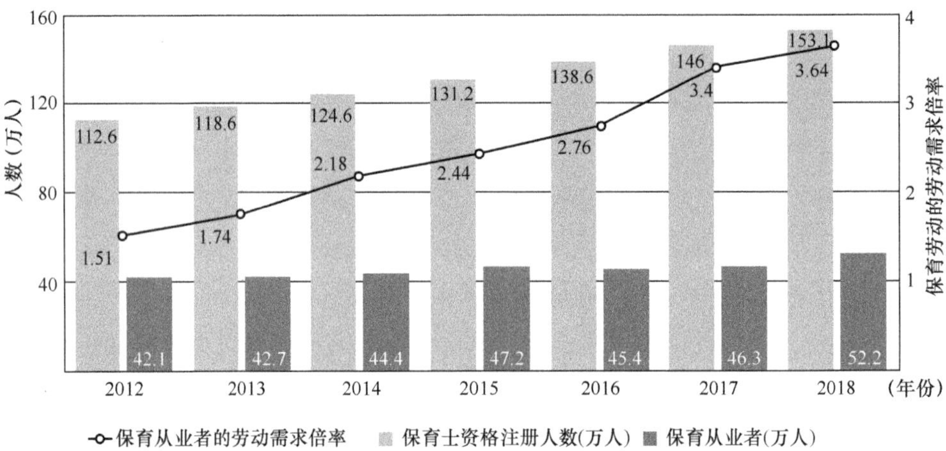

图 7-6　保育服务从业人员数量的变化

资料来源:厚生労働省．社会福祉施設等調査[EB/OL].[2020-04-26].https://www.mhlw.go.jp/toukei/list/23-22.html.;厚生労働省．保育士登録者数等(男女別)[EB/OL].[2020-04-26].https://www.mhlw.go.jp/content/000594003.pdf.

为了解决这个问题，厚生劳动省于 2015 年出台了《保育士确保计划》（以下简称《计划》），旨在通过政策手段改善保育从业者的劳动环境，吸引更多的劳动力加入到保育服务人才队伍当中，从而维持并扩充现有的人才队伍规模。《保育士确保计划》中提出了问题解决的四项措施。一是继续加大保育士和保育从业人才的培养力度，包括改革保育士资格的获取途径，在保持相同水准的前提下使其更容易获得；改善人们对于保育工作辛苦劳累的消极印象，在公共就业训练项目中导入相关培训科目等具体措施。二是完善保育从业者的再就业系统，发掘潜在劳动力。通过设立“保育士和托儿所支援中心”，为拥有保育士资格而未实际参与到保育工作中的人员提供与保育工作相关的就业信息，并开展就业援助来积极消除其就业障碍。三是对在岗的保育士提供在职帮助，促使其可以长期稳定地参与劳动。这一点主要是通过改革在职研修方案和设立多种多样的奖励金机制，来降低现有保育从业者的离职风险。四是对托儿所等各类福利机构的人事管理制度进行改革，以改善保育从业者的职场环境。

四、优化职业生涯体系

通过优化职业生涯体系来保障和逐步提高从业者的个人权益。

为了应对日益严峻的少子高龄化社会形势，保障社会福利事业健康稳定的发展，以及社会福利人才能够持续稳定地发挥专业才能，日本政府早在1993年就出台了《关于社会福利事业从业者保障措施的基本方针》（以下简称《方针》）。于2007年修订的新版《方针》中，详细规定了福利机构经营者、政府、地方公共事业团体等各个相关主体在社会福利人才保障中应当承担的责任，并制定了若干措施来切实完善从业者的职业生涯体系。

具体来说，就是将诸多专业资格、任用资格、以及职务资格与在职研修项目（OJT）、外部研修项目（off-JT）相结合，形成一套层次鲜明的职业生涯晋升轨迹和业务指导体系，并在此基础上积极导入货币化激励措施，使从业者有充分的动力提高自身的专业水平，并以此获得对于个人的职业意义，从而能够持续稳定地投入到福利事业的工作当中。

例如，依据安倍政权提出的“日本一亿总活跃”战略，厚生劳动省于2017年开始着手对托儿所以及保育士的职业体系进行改革，并推出了保育士职业晋升系统与待遇改善的具体执行方案（如图7-7所示）。以定员90名儿童并配置17名业务人员规模的托儿所为例，在以往除了1名所长和1名主任保育士以外的15名保育士当中，根据保育士的业务层次高低，进一步新设不少于5人的副主任保育士、专业组长，以及不少于3人的职务领域组长等职务，并分别加薪。其中，任命为副主任保育士和专业组长者，在原有薪酬的基础上，可获得每月4万日元的加薪；任命为职务领域组长者，可获得每月5千日元的加薪；除此之外，托儿所从业人员的总体薪酬也会增加2个百分点。

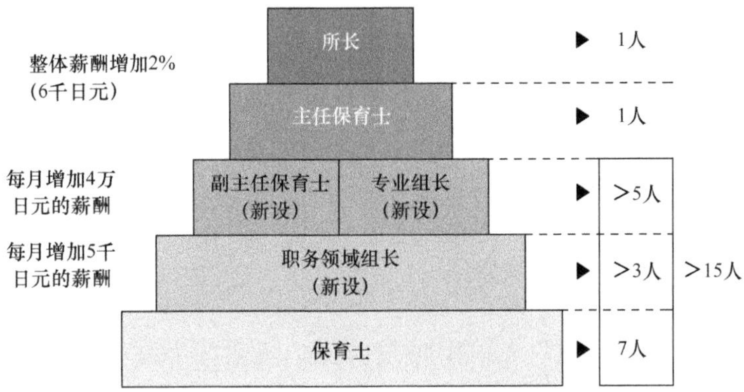

图7-7　保育士职业晋升系统与待遇改善方案

资料来源：厚生労働省. 保育士のキャリアアップの仕組みの構築と処遇改善について [EB/OL]. [2020-04-26]. https://www.mhlw.go.jp/file/06-Seisakujouhou-11900000-Koyoukintou-jidoukateikyoku/0000155997.pdf.

作为晋升新增设职务的条件，除了需具备一定年限的实务经验以外，还需要参加所在都道府县规定的职业能力研修项目。研修项目是配合改革方案新出台的举措之一，旨在进一步加强保育工作者的专业水准和业务能力。研修项目内容涉及新生儿保育、幼儿教育、残障儿童保育、饮食营养、卫生安全、家庭抚养者援助、保育实践以及运营管理等8个方面。项目参加者的个人信息由地方政府统一备案，其实施主要由指定的教育培训机构来完成。

从日本当前面临的问题来看，在人口结构少子高龄化的客观压力下，创建一套可以充分满足社会需求的高质量专业人才队伍培养体系绝非易事；然而，从内在逻辑来看，专业人才的“质量”与“数量”可以是相互促进、相互统一的。一方面，从业人员基数的扩大及人才数量的确保，使得人才体系形成多元的专业化层次，催生了行业内更高水平的专业化追求；另一方面，针对专业人才的培养机制和待遇确保措施不断完善，也使得社会福利从业者的劳动环境、福利待遇、社会公信力及职业魅力等得到相应提高，这样才会吸引更多的、潜在的多样化人才关注和参与到这一行业当中。

对于还处在建设阶段中的中国儿童福利事业来说，日本在儿童福利人才体系构建中的经验具有良好的借鉴意义。但所谓“借鉴意义”并不仅限于参考日本在人才体系构建中的成功，日本当前因社会形势变化所遇到的困境和失败，以及其实施的应对策略和措施，同样会为我国带来有益的启示。

（清华大学　史　迈）

附录：日本儿童福利法律法规体系相关条文（节选）

儿童福祉法

（2019 年修订）

第一条　依照《儿童权利公约》的精神，全体儿童均有权得到适当的养育、生活的保障、爱与保护，享有使其身心健康成长与发展、实现其自立以及其他福祉保障的权利。

第二条　全体国民应当努力，使儿童在一个良好的环境中成长，并且在社会的各个领域，根据儿童的年龄和发展程度尊重其意见，优先考虑儿童的最大利益，让儿童身心健康发展。

儿童的监护人对儿童的身心健康发展负有主要责任。

国家和地方公共团体，与儿童的监护人一起，对儿童的身心健康发展负有责任。

第三条　前两条的规定是保障儿童福利的原则，在执行有关儿童的法律法规时必须始终遵守这些原则。

……

儿童抚养津贴法

（2020 年修订）

……

第二条　儿童抚养津贴的给付，以促进儿童身心健康成长为目的，领取者应当根据这一目的使用该津贴。

领取儿童抚养津贴的父亲或母亲，应当自愿致力于自立，努力稳定和提升家庭生活。

儿童抚养津贴的给付，并不改变那些婚姻关系已消解的父母等对儿童应当履行之抚养义务的程度或内容。

……

儿童与育儿援助法

（2019 年修订）

第一条　鉴于日本的少子化迅速发展，以及家庭和社区周围环境的变化，本法与《儿童福祉法》和其他与儿童相关法律一道，对儿童以及抚养儿童者给予儿童与育儿援助给付等必要支持，从而促进建成每个孩子都能健康成长的社会，这是制定本法的目的。

第二条　父母和其他监护人对抚养孩子负主要责任，在这样的基本认识之下，家庭、学校、社区、工作场所以及其他社会领域的所有成员，都应当发挥各自的作用，相互合作共同支持儿童和育儿援助事业。

儿童和育儿援助给付等的内容和保障水平，是为了支持所有儿童健康成长，其品质应良好，具有适当性，并且应当考虑到适当减轻儿童监护人的经济负担。

应当根据当地的实际情况，以全面、有效率的方式提供儿童和育儿援助给付等。

……

第八条　儿童和育儿援助给付，是指儿童的现金给付、儿童的教育和保育给付以及使用育儿机构服务的给付。

第九条　儿童的现金给付，即给予儿童津贴（《儿童津贴法》所规定的儿童津贴，下同）。

第十条　除非本法另行规定，否则儿童的现金给付应当符合《儿童津贴法》的规定。

第十一条　儿童的教育和保育给付，是指给予机构型给付费、特殊机构型给付费、地区型保育给付费以及特殊地区型保育给付费。

……

第六十九条　为了充实发放儿童津贴……地区儿童与育儿援助事业……以及工作与育儿两立援助事业……所需要的费用，政府向下列用人单位……征收费用金。

……

参考文献

[1] 厚生労働省. 平成 30 年（2018）人口動態統計結果の概要［EB/OL］.（2019-11-28）［2019-12-20］. https：//www. mhlw. go. jp/toukei/saikin/hw/jinkou/geppo/nengai18/dl/kekka30-190626. pdf.

[2] 国立社会保障・人口問題研究所. 人口の年齢構造に関する指標：1884—2018 年［EB/OL］.［2019-12-02］. http：//www. ipss. go. jp/syoushika/tohkei/Popular/P_Detail2020. asp? fname = T02-06. htm&title1 =%87U%81D%94N%97%EE%95%CA%901%8C%FB&title2 =%95%5C%82Q%81%7C%82U +%901%8C%FB%82%CC%94N%97%EE%8D%5C%91%A2%82%C9%8A%D6%82%B7%82%E9%8Ew%95W%81F1884%81%602018%94N.

[3] 財務省. 令和 2 年度予算のポイント［EB/OL］.［2020-02-18］. https：//www. mof. go. jp/budget/budger_workflow/budget/fy2020/seifuan2019/01. pdf.

[4] 厚生労働省. 国民生活基礎調査の概況［EB/OL］.［2019-10-08］. https：//www. mhlw. go. jp/toukei/saikin/hw/k-tyosa/k-tyosa18/dl/02. pdf.

[5] 総務省統計局. 平成 27 年国勢調査・世帯構造等基本集計結果・結果の概要［EB/OL］.（2017-09-27）［2019-10-02］. http：//www. stat. go. jp/data/kokusei/2015/kekka/kihon3/pdf/gaiyou. pdf.

[6] 総務省統計局. 平成 24 年就業構造基本調査結果の概要［EB/OL］.（2013-07-12）［2019-10-02］. http：//www. stat. go. jp/data/shugyou/2012/pdf/kgaiyou. pdf.

[7] 大津泰子. 児童家庭福祉［M］. 3 版. 京都：ミネルヴァ書房，2018：9.

[8] 総務省統計局. 平成 29 年就業構造基本調査結果の概要［EB/OL］.（2018-07-13）［2019-10-02］. http：//www. stat. go. jp/data/shugyou/2017/pdf/kgaiyou. pdf.

[9] 厚生労働省.「平成 30 年度雇用均等基本調査」の結果概要［EB/OL］.（2019-07-30）［2019-12-02］. https：//www. mhlw. go. jp/toukei/list/dl/71-30r/

07. pdf.

[10] 社会福祉士養成講座編集委員会. 児童や家庭に対する支援と児童・家庭福祉制度［M］. 東京：中央法規，2019.

[11] 総務省. 地方財政の状況［EB/OL］.［2020-04-01］. https：//www. soumu. go. jp/main_content/000675973. pdf.

[12] 吉田幸惠，山縣文治. よくわかる子ども家庭福祉［M］. 京都：ミネルヴァ書房，2019.

[13] 厚生労働省. 民生委員・児童委員参考データ_IFC［EB/OL］.（2017-03-31）［2019-10-04］. https：//www. mhlw. go. jp/stf/seisakunitsuite/bunya/hukushi_kaigo/seikatsuhogo/minseiiin/01. html.

[14] 西郷泰之，宮島清. ひと目でわかる保育者のための児童家庭福祉データブック2019［M］. 東京：中央法規，2018.

[15] 厚生労働省. 平成29年度福祉行政報告例の概況［EB/OL］.（2019-10-30）［2019-11-02］. https：//www. mhlw. go. jp/toukei/saikin/hw/gyousei/17/dl/kekka_gaiyo. pdf.

[16] 厚生労働省. 福祉事務所とは［EB/OL］.（2020-04-01）［2020-09-22］. https：//www. mhlw. go. jp/stf/seisakunitsuite/bunya/hukushi_kaigo/seikatsuhogo/fukusi-jimusyo/index. html.

[17] 厚生労働省. 所員の定数［EB/OL］.（2020-04-01）［2020-09-22］. https：//www. mhlw. go. jp/stf/seisakunitsuite/bunya/hukushi_kaigo/seikatsuhogo/fukusijimusyo/index. html.

[18] 木村容子，有村大士. 子ども家庭福祉［M］. 2版. 京都：ミネルヴァ書房，2018.

[19] 厚生労働省. 社会的養育の推進に向けて［EB/OL］.［2019-10-10］. https：//www. mhlw. go. jp/content/000503210. pdf.

[20] 厚生労働省. 市町村・児童相談所における相談援助活動系統図［EB/OL］.（2005-02-14）［2019-10-10］. https：//www. mhlw. go. jp/bunya/kodomo/dv-soudanjo-sisin-betten. html.

[21] 厚生労働省. 児童相談所における相談援助活動の体系・展開［EB/OL］.

[2019-10-10]. https://www.mhlw.go.jp/bunya/kodomo/dv-soudanjo-kai-zu-hyou.html.

[22] 石田賀奈子. 施設養護. 家族的養護 [M] //伊藤嘉余子, 福田公教. 社会的養護. 京都: ミネルヴァ書房, 2018.

[23] 厚生労働省. 里親制度 (資料集) [EB/OL]. [2019-10-10]. https://www.mhlw.go.jp/content/11900000/000358499.pdf.

[24] 厚生労働省. 社会的養護の現状について (参考資料) [EB/OL]. [2019-10-10]. https://www.mhlw.go.jp/bunya/kodomo/syakaiteki_yougo/dl/yougo_genjou_01.pdf.

[25] 国立社会保障・人口問題研究所. 第15回出生動向基本調查 [EB/OL]. (2016-09-15) [2019-10-02]. http://www.ipss.go.jp/ps-doukou/j/doukou15/report15html/NFS15R_html09.html#h3%202-4-2.

[26] 厚生労働省. 平成29年度母子家庭の母及び父子家庭の父の自立援助施策の実施状況 [EB/OL]. (2018-12-25) [2019-10-03]. https://www.mhlw.go.jp/content/11920000/000536760.pdf.

[27] 内阁府. 平成29年度児童手当事業年報 [EB/OL]. [2019-10-01]. https://www8.cao.go.jp/shoushi/jidouteate/pdf/29_nenpou/zentai.pdf.

[28] 厚生労働省. 障害児支援施策の概要 [EB/OL]. [2019-10-07]. https://www.mhlw.go.jp/content/12200000/000360879.pdf.

[29] 刘焱, 武欣. 欧洲国家发展普惠性学前教育的路径选择 [J]. 比较教育研究, 2019, 41 (01): 69-75+84.

[30] 内閣府. 諸外国の合計特殊出生率の動き (欧米) [EB/OL]. [2019-06-09]. http://www8.cao.go.jp/shoushi/shoushika/data/sekai-shusshou.html.

[31] 人民网. 德国育儿福利改善促进女性生育意愿提高 [EB/OL]. (2017-07-27) [2019-10-12]. http://world.people.com.cn/n1/2017/0727/c1002-29432645.html.

[32] 厚生労働省. 人口動態統計月報年計 (概数) の概況 (2018) [EB/OL]. (2019-06-07) [2019-06-14]. https://www.mhlw.go.jp/toukei/saikin/hw/jinkou/geppo/nengai18/index.html.

[33] 厚生労働省. 国民生活基礎調査［EB/OL］.［2019-10-14］. https：//www.mhlw. go. jp/toukei/list/20-21. html.

[34] 総務省. 国勢調査（2015）［EB/OL］.［2019-06-07］. http：//www. stat. go. jp/data/kokusei/2015/.

[35] 総務省. 少子化社会対策に関する意識調査［EB/OL］.［2019-09-14］. https：//www8. cao. go. jp/shoushi/shoushika/research/h30/zentai-pdf/index. html.

[36] 総務省. 人口動態・家族のあり方等 社会構造の変化について［EB/OL］.［2019-08-10］. www. soumu. go. jp/main_content/000452791. pdf.

[37] 総務省. 労働力調査（詳細集計）［EB/OL］.［2019-06-12］. https：//www. e-stat. go. jp/stat-search/files？ page=1&toukei=00200531&tstat=000000110001&cycle=1.

[38] 内閣府. 少子化社会対策白書（2005 年）［EB/OL］.［2019-12-12］. https：//www8. cao. go. jp/shoushi/shoushika/whitepaper/measures/w-2005/17webhonpen/index. html.

[39] 国立社会保障・人口問題研究所. 出生動向基本調査（夫婦調査）［EB/OL］.［2019-06-12］. http：//www. ipss. go. jp/site-ad/index _ Japanese/shussho-index. html.

[40] 厚生労働省. 保育所等関連状況取りまとめ（2017）［EB/OL］.（2017-04-01）［2018-06-12］. http：//www. mhlw. go. jp/stf/houdou/0000176137. html.

[41] 産経新聞. 潜在待機児童 6 万人に公表数の2.6 倍，厚労省が緊急対策［EB/OL］.［2018-06-14］. https：//www. sankei. com/life/news/160328/lif1603280033-n1. html.

[42] 野村総合研究所. 2020 年までに新たに整備が必要な保育の受け皿は88. 6 万人分［EB/OL］.［2018-09-12］. https：//www. nri. com/jp/journal/2017/07/20170823/.

[43] 厚生労働省. 第 7 回 21 世紀出生児縦断調査（平成 22 年出生児）の概況［EB/OL］.（2018-05-30）［2018-06-14］. http：//www. mhlw. go. jp/toukei/saikin/hw/syusseiji/16/index. html.

[44] OECD. Starting Strong Ⅱ：Early Childhood Education and Care［EB/OL］.

(2006-09-11)[2018-06-16]. http://www.oecd.org/education/school/startingstrongiiearlychildhoodeducationandcare.htm.

[45] 松本和也，高田寛.「子ども・子育て援助法」時代の托儿所経営［J］. 生活福祉研究，2013，83：4.

[46] 文部科学省. 学校基本調査（平成28年）[EB/OL].[2019-10-05]. https://www.mext.go.jp/b_menu/toukei/chousa01/kihon/1267995.htm.

[47] 内閣府. 少子化社会対策白書（2015年）[EB/OL].[2019-11-14]. https://www8.cao.go.jp/shoushi/shoushika/whitepaper/measures/w-2015/27pdfgaiyoh/27gaiyoh.html.

[48] 内閣府. インターネットによる子育て費用に関する調査（2009年）[EB/OL].[2019-12-22]. https://www8.cao.go.jp/shoushi/shoushika/research/cyousa21/net_hiyo/mokuji_pdf..html.

[49] 厚生労働省. 第4回21世紀出生児縦断調査（平成22年出生児）の概況[EB/OL].(2015-12-15)[2018-06-14]. http://www.mhlw.go.jp/toukei/saikin/hw/syusseiji/16/index.html.

[50] 山﨑高哉，樊秀丽，杨奕. 日本学前教育的新构想［J］. 学前教育研究，2012（08）：19-29.

[51] 首相官邸. 子育て安心プラン［EB/OL］.[2019-11-05]. http://www.kantei.go.jp/jp/headline/taikijido/.

[52] 内閣府. 子ども・子育て支援新制度について［EB/OL］.(2018-05-01)[2018-06-24]. http://www8.cao.go.jp/shoushi/shinseido/index.html.

[53] 内閣府. 子ども・子育て支援新制度なるほどBOOK［EB/OL］.(2018-04-01)[2019-06-24]. http://www8.cao.go.jp/shoushi/shinseido/event/publicity/naruhodo_book_2804.html.

[54] 荒井貴史. 保育サービス市場と待機児童問題について［J］. 尾道市立大学経済情報論集，2016，16（1）：1-21.

[55] 早瀬真喜子.「子ども・子育て支援制度」と「教育」・「保育」についての考察［J］. プール学院大学研究紀要，2015，56：263-264.

[56] 内閣府. 認定こども園に関する状況について［EB/OL］.(2018-04-01)

［2018-06-17］. http：//www8. cao. go. jp/shoushi/kodomoen/jouhou. html.

［57］内閣府. 少子化社会対策白書（2018）［EB/OL］.（2018-07-01）［2018-08-17］. http：//www8. cao. go. jp/shoushi/shoushika/whitepaper/measures/w-2018/30pdfgaiyoh/30gaiyoh. html.

［58］毎日新聞. 保育無償化認可外「保育必要」世帯に補助，自治体が判断，政府案く［EB/OL］.（2018-05-27）［2018-07-15］. https：//mainichi. jp/articles/20180527/ddm/003/010/065000c.

［59］毎日新聞. 待機児童 3 割減，保育施設増加，「ゼロ目標」は遠く［EB/OL］.（2018-06-22）［2018-07-10］. https：//mainichi. jp/articles/20180622/ddm/001/100/177000c.

［60］厚生労働省. 保育士確保プラン［EB/OL］.（2015-01-14）［2018-06-10］. https：//www. mhlw. go. jp/stf/houdou/0000070943. html.

［61］厚生労働省. 保育士等の処遇改善案［EB/OL］.［2018-06-15］. http：//www. mhlw. go. jp/stf/seisakunitsuite/bunya/0000057741. html，2017.

［62］刘中一. 从西方社会机构托育的历史趋势看我国托育机构的未来发展［J］. 科学发展，2018（03）：42-48.

［63］刘中一. 全面两孩政策下我国托育服务发展的对策建议［J］. 湖南社会科学，2017（05）：52-57.

［64］厚生労働省. 我が国の医療保険について［EB/OL］.（2020-02-02）［2020-02-02］. https：//www. mhlw. go. jp/stf/seisakunitsuite/bunya/kenkou_iryou/iryouhoken/iryouhoken01/index. html.

［65］厚生労働省. 子どもの医療の費用負担の状況［EB/OL］.（2017-09-02）［2020-02-02］. https：//www. mhlw. go. jp/file/05-Shingikai-12401000-Hokenkyoku-Soumuka/0000096264. pdf.

［66］厚生労働省. 医療保険医療費でデータベース［EB/OL］.（2020-01-30）［2020-02-02］. https：//www. mhlw. go. jp/bunya/iryouhoken/iryouhoken14/.

［67］厚生労働省. 第 3 回子どもの医療制度の在り方等に関する検討会（三鷹市）［EB/OL］.（2016-01-27）［2020-09-19］. https：//www. mhlw. go. jp/file/05-Shingikai-12401000-Hokenkyoku-Soumuka/0000110407. pdf.

[68] 厚生労働省. 地域保健・健康増進事業報告の概況 [EB/OL]. (2020-03-31)[2020-09-19]. https://www.mhlw.go.jp/toukei/saikin/hw/c-hoken/17/dl/gaikyo.pdf.

[69] 厚生労働省. #8000全国相談件数 [EB/OL]. [2020-09-19]. https://www.mhlw.go.jp/topics/2006/10/tp1010-3.html.

[70] 厚生労働統計協会. 国民の福祉と介護の動向 2019/2020 [J]. 厚生の指標 (増刊), 2019 (66-10): 82-257.

[71] 厚生労働省. 児童福祉施設の設備及び運営に関する基準 [EB/OL]. (2019-07-31) [2020-04-26]. https://elaws.e-gov.go.jp/search/elawsSearch/elaws_search/lsg0500/detail? lawId=323M40000100063.

[72] 小宮路雅博. サービスの諸特性とサービス取引の諸課題 [J]. 成城・経済研究, 2010 (187): 149-178.

[73] 社会福祉振興・試験センター. 登録者数の資格種類別 (年度別の推移) [EB/OL]. [2020-04-26]. http://www.sssc.or.jp/touroku/pdf/pdf_t04_graph_h31.pdf.

[74] 全国保育士養成協議会. 受験資格詳細 [EB/OL]. [2020-04-26]. https://www.hoyokyo.or.jp/exam/qualify/detail.html.

[75] 厚生労働省. 指定保育士養成施設一覧 [EB/OL]. [2020-04-26]. https://www.mhlw.go.jp/content/000345025.pdf.

[76] 全国保育士養成協議会. 平成28年度指定保育士養成施設における教育の質の確保と向上に関する調査研究 (厚生労働省委託調査研究事業) [EB/OL]. [2020-04-26]. https://www.hoyokyo.or.jp/http:/www.hoyokyo.or.jp/nursing_hyk/study/report.pdf.

[77] 厚生労働省. 保育所等関連状況取りまとめ [EB/OL]. (2019-04-01)[2020-04-26]. https://www.mhlw.go.jp/content/11907000/000544879.pdf.

[78] 厚生労働省. 社会福祉施設等調査 [EB/OL]. [2020-04-26]. https://www.mhlw.go.jp/toukei/list/23-22.html.

[79] 厚生労働省. 保育士登録者数等 (男女別) [EB/OL]. [2020-04-26]. https://www.mhlw.go.jp/content/000594003.pdf.

[80] 厚生労働省. 保育士のキャリアアップの仕組みの構築と処遇改善について［EB/OL］.［2020-04-26］. https：//www. mhlw. go. jp/file/06-Seisakujouhou-11900000-Koyoukintoujidoukateikyoku/0000155997. pdf.

[81] 联合国. 关于日本第四和第五次合并定期报告的结论性意见［EB/OL］.（2019-05-05）［2019-10-10］. http：//docstore. ohchr. org/SelfServices/FilesHandler. ashx？ enc = 6QkG1d% 2fPPRiCAqhKb7yhsl2MoFLIM3DzAuTWv9p%2fYcaIkpJYSnPF9K6du6ofBfFZpg9U97ZEOHZsNzxPgFWPahpYXl%2b4du5SAbZaJO4p1hS%2fh%2f2TI7IBN6QaooUGUh15.

[82] 联合国. 关于替代性儿童照料的导则［EB/OL］.（2009-12-18）［2019-10-10］. https：//undocs. org/zh/A/RES/64/142.

[83] 江原朗，棚橋祐典，柴田睦郎，2002. 乳幼児の医療費無料化費用を推計する［C］. 社会保険旬報，2002（2126）：13-15.

[84] 権丈善一.「再分配政策の政治経済学 I 第 2 版」［M］. 東京：慶應義塾大学，2005.

[85] 小池由佳. 里親制度［M］//伊藤嘉余子. 福田公教. 社会的養護. 東京：ミネルヴァ書房，2018.

[86] 厚生労働省. 国民健康保険実態調査［EB/OL］.（2020-01-31）［2020-02-02］. https：//www. mhlw. go. jp/stf/seisakunitsuite/bunya/iryouhoken/database/seido/kokumin_jitai. html.

[87] 厚生労働省. 市町村国民健康保険における保険料の地域差分析［EB/OL］.（2020-01-31）［2020-02-02］. https：//www. mhlw. go. jp/stf/seisakunitsuite/bunya/kenkou_iryou/iryouhoken/database/iryomap/hoken. html.

[88] 厚生労働省. 医療費の一部負担（自己負担）割合について［EB/OL］.（2019-08-01）［2020-09-19］. https：//www. mhlw. go. jp/stf/seisakunitsuite/bunya/kenkou_iryou/iryouhoken/iryouhoken01/index. html.

[89] 厚生労働省. 子どもの医療制度の在り方等に関する検討会議論の取りまとめ［EB/OL］.（2018-03-28）［2020-02-02］. https：//www. mhlw. go. jp/file/05-Shingikai-12601000-Seisakutoukatsukan-Sanjikanshitsu_Shakaihoshoutantou/0000097108. pdf.

［90］厚生労働省.「社会福祉事業に従事する者の確保を図るための措置に関する基本的な指針」の見直しについて［EB/OL］.［2020-04-26］. https：//www. mhlw. go. jp/file/06-Seisakujouhou-12000000-Shakaiengokyoku-Shakai/fukusijinzai. pdf.

［91］島崎謙治. 日本の医療―制度と政策［M］. 東京大学出版会，2011.

［92］島崎謙治. 医療制度策を問いなおす［M］. ちくま新書，2015.

［93］鈴木力. 施設養護の変遷と先覚者の実践思想［M］//北川清一. 児童福祉施設と実践方法. 東京：中央法規，2005.

［94］竹田功. 社会的養護［M］//杉本敏夫. 児童福祉家庭論. 京都：ミネルヴァ書房，2017.

［95］西川雅史. 乳幼児医療費助成制度の一考察（下）［C］. 青山経済論集，2011，62（04）：87-111.

［96］西川雅史. 乳幼児医療費助成制度の一考察（上）［C］. 青山経済論集，2010，62（03）：196-214.

［97］日本医療政策機構. 子ども医療費助成に関する意見［EB/OL］.（2015-03-22）［2020-02-02］. https：//www. mhlw. go. jp/file/05-Shingikai-12401000-Hokenkyoku-Soumuka/0000117114. pdf.

［98］別所俊一郎. 子どもの医療費助成・通院・健康［C］. 季刊社会保障研究，2012，47（04）：413-429.

［99］松浦満夫. 児童福祉施設と専門職［M］//杉本敏夫. 児童福祉家庭論. 京都：ミネルヴァ書房，2017.